Hans-Ulrich von Oertzen

Lars-Broder Keil

Hans-Ulrich von OERTZEN

Offizier und Widerstandskämpfer

Ein Lebensbild in Briefen und Erinnerungen

Lukas Verlag

© by Lukas Verlag
Erstausgabe, 1. Auflage 2005
Alle Rechte vorbehalten

Lukas Verlag für Kunst- und Geistesgeschichte
Kollwitzstraße 57
D–10405 Berlin
http://www.lukasverlag.com

Layout, Satz und Umschlag: Verlag
Druck: Elbe-Druckerei Wittenberg
Bindung: Stein + Lehmann, Berlin

Printed in Germany
ISBN 3–936872–49–X

Inhalt

Vorwort 7

Kindheit in Mecklenburg 13

Schule Schloß Salem 22

Auf dem Weg in den Generalstab 35

Liebesbriefe von der Front 54

Oertzens Einsatz am 20. Juli 1944 in Berlin 144

Erinnerungen eines Mitstreiters 153

Der Leidensweg Ingrid von Oertzens 155

Spätes Gedenken an einen Widerstandskämpfer 162

Anhang 170

Für meine Eltern

Vorwort

> Diese Männer kämpften ohne eine Hilfe von innen oder außen – einzig getrieben von der Unruhe ihres Gewissens. Solange sie lebten, waren sie für uns unsichtbar und unerkennbar, weil sie sich tarnen mußten. Aber an den Toten ist der Widerstand sichtbar geworden.
>
> *Winston Churchill*

WER AN DEN 20. JULI 1944 DENKT, dem kommen Namen wie Claus Schenk Graf von Stauffenberg und Ludwig Beck in den Sinn, vielleicht auch Henning von Tresckow und Friedrich Olbricht. Sie alle sind unmittelbar nach dem Scheitern des Staatsstreiches hingerichtet worden oder nahmen sich selbst das Leben. Das gleiche Schicksal wählte am 21. Juli 1944 der neunundzwanzigjährige Hans-Ulrich von Oertzen – er steckte sich eine Gewehrsprenggranate in den Mund. In den vielen hundert Büchern, Aufsätzen und Dokumenten über den militärischen Widerstand taucht Oertzen nur als Randfigur auf. Trägt man diese Mosaiksteine zusammen, ergibt sich jedoch ein überraschendes Bild: Er war alles andere als eine Randfigur. Oertzen gehörte nicht nur zu den engsten Vertrauten von Tresckow, einem der führenden Köpfe der Verschwörung, er war auch an mehreren Attentatsvorbereitungen aktiv beteiligt, arbeitete zusammen mit Stauffenberg an den Alarmierungsplänen »Walküre« und fungierte für ihn am 20. Juli als Verbindungsoffizier im wichtigen Wehrkreis Berlin.

Wie ist es angesichts dieser wichtigen Rolle möglich, daß die Person Hans-Ulrich von Oertzen, sein Leben und sein Schicksal im Widerstand bis heute weitgehend unbekannt geblieben sind? Die Konzentration auf den Attentäter Stauffenberg und ausgewählte führende Akteure dürfte ein Grund dafür sein. Zum anderen sind nur wenige biographische Zeugnisse überliefert: Seine Eltern starben früh, weitere nahe Verwandte besaß Oertzen nicht, die nur vier Monate während Ehe mit Ingrid von Langenn-Steinkeller, heute Simonsen, blieb kinderlos. Doch es gibt noch Spuren, die nur gefunden werden müssen: hier zwei Aufnahmen beim Bruder seines Patenkindes, dort zwei Fotoalben beim Neffen seines väterlichen Förderers, hier ein Eintrag im Gästebuch der Eltern seines besten Freundes und Beschreibungen in den Notizen längst verstorbener Kriegskameraden, dort eine Mitschülerin, die sich noch lebhaft an ihn erinnern kann. Diese Spuren vervollständigen das Lebensbild, machen es vielfältiger und farbiger.

Im Mittelpunkt des Buches – der ersten biographischen Studie zu Hans-Ulrich von Oertzen – steht jedoch eine Auswahl von Briefen, die er 1942 bis 1944 an seine Frau geschrieben hat. Jahrzehntelang hütete sie die rund 240 Briefe. Nun stellte Ingrid Simonsen, verwitwete von Oertzen, das schriftliche Erbe ihres ersten Mannes erstmals vollständig zur Verfügung. Wenige Ausschnitte veröffentlichte ich im Juli 2004 in den Tageszeitungen »Berliner Morgenpost« und »DIE WELT«. Den ersten Brief erhielt Ingrid wenige Tage nach dem Kennenlernen am 2. August 1942, den letzten wenige Tage vor seinem Tod. Ihre Antworten sind bis auf wenige Exemplare verschollen.

Oertzens Briefe sind Zeugnisse einer Liebe, die sich trotz der Wirren des Krieges behaupten kann, Zeugnisse von Sehnsüchten, die junge Menschen haben, und des festen Glaubens, daß es eine gemeinsame Zukunft gibt. Hans-Ulrich von Oertzen heiratete Ingrid vier Monate vor dem Attentat auf Hitler – ein Zeichen, daß er vom Gelingen ausging.

Die Briefe zeigen wie die anderen hier publizierten Dokumente einen ehrgeizigen, selbstbewußten und zielstrebigen jungen Mann, ein Organisationstalent, das überall – ob in der Schule, beim Sport oder beim Militär – nach Höchstleistungen und Anerkennung strebte. Sein väterlicher Freund, Edgar Röhricht, beschrieb Oertzens Zielstrebigkeit so: »Wo wir zu grübeln und zu erwägen beginnen, verfügt er über die Unbekümmertheit des Entschlusses.« Das Lebensbild läßt aber ebenso einen traditionsbewußten, bodenständigen Menschen erkennen, dessen Kindheit auf dem Gut der Oertzens im mecklenburgischen Rattey ihn so stark geprägt hat wie die humanistische Bildung in der Internatsschule Salem am Bodensee. Immer wieder scheinen sein Humor, sein Optimismus, aber auch seine Nachdenklichkeit auf. Einmal schrieb er: »Die Aufgaben, die das Leben an uns stellt, müssen wir lösen, um wirklich zu leben.« Ein anderes Mal: »Nur durch Prüfungen werden wir geläutert.«

Trotz seines Selbstbewußtseins suchte Oertzen die Nähe zu starken Persönlichkeiten, die ihm Halt und Orientierung geben konnten: zunächst zu seiner alleinerziehenden Mutter Elisabeth von Oertzen und zu Edgar Röhricht, später zu seiner Ehefrau Ingrid und zu seinem Vorgesetzten Henning von Tresckow. Diese vier Personen spielen eine zentrale Rolle in diesem Buch.

Oertzen war wie viele seiner Generation bereitwillig und voller Ideale in den Krieg gezogen, hatte sich aufgeschlossen dem NS-Regime gegenüber gezeigt, das vorgab, eine neue Gesellschaft mit neuen Menschen schaffen zu wollen, wie Johannes Tuchel und Peter Steinbach von der Gedenkstätte Deutscher Widerstand treffend das Wesen diktatorischer Systeme zusammenfassen. Solche Systeme, schreiben sie, deuten überkommene Begriffe um, belegen sie mit neuem Sinn und verwandeln sie in politische Schlagworte. Sie vernebeln auf diese Weise die Wahrnehmung des Unrechtscharakters und erzeugen Wehr- und Fraglosigkeit. In einer solchen Situation könne sich als Individuum nur

Hans-Ulrich von Oertzen, um 1942

behaupten, »wer den Willen und die Fähigkeit zu klarer Erkenntnis besitzt und die Bereitschaft, sich für Veränderungen einzusetzen – nicht selten ohne Rücksicht auf die eigene Person«.

Oertzen war dazu bereit, auch wenn sein Weg zum Widerstand nicht geradlinig verlief. Der junge Offizier hat immer wieder gezweifelt, ob er, der Pflichtbewußte, seinen Eid brechen und damit gegen das Fundament seiner beruflichen Existenz verstoßen darf: das Prinzip von Befehl und Gehorsam. Oertzen mochte seinen Beruf und hat sich nach jedem Wechsel seiner militärischen Positionen zu Beginn von den neuen Aufgaben begeistern lassen, um schließlich doch desillusioniert und bitter enttäuscht vom System zu der Erkenntnis zu kommen, daß Hitler Deutschland in den Abgrund führt.

Oertzen erwähnte in seinen Briefen mit keiner Silbe seine Rolle im Widerstand. Konspiration war eine Grundvoraussetzung für den Erfolg und ein Gebot für die eigene Sicherheit. Ebenso die Verstellung. Oft hat er seine Ansichten hinter Beschreibungen seiner Beziehung zu Ingrid versteckt. Und doch läßt sich dem Wandel des jungen Offiziers nachspüren, der, zieht man die historischen Ereignisse hinzu, mit der Beteiligung am Staatsstreich erklärbar ist.

Die Frage nach der tatsächlichen Motivation, nach dem auslösenden Moment, muß trotzdem unbeantwortet bleiben. Wie bei den anderen Beteiligten am militärischen Widerstand auch, läßt sich ein Widerspruch zwischen der Tat und dem Lebensweg nicht restlos auflösen. Doch allein die Tatsache, daß ein mit dem System arrangierter Offizier seine Einstellung als Fehler erkennt, den Mut aufbringt, sie zu ändern, und sich als Konsequenz daraus an einem Umsturz beteiligt, verdient Hochachtung. Die empfand auch Carl Zuckmayer, der in einem Memento zum 20. Juli 1969 ausführte: »Es ist leicht, am Mißlingen dieses Aufstands Kritik zu üben, seine vielfache Verspätung, seine ungenügende Vorbereitung und Absicherung zu bemängeln. Aber wer, der lebt, könnte von sich selbst sagen, daß er unter gleichen Umständen den gleichen Mut und die gleiche Haltung aufgebracht hätte?«

Für Oertzen gilt schließlich auch, was sein politisches Vorbild Henning von Tresckow als Grundsatz für den Widerstand gegen Hitler formulierte: »Wenn einst Gott Abraham verheißen hat, er werde Sodom nicht verderben, wenn auch nur zehn Gerechte darin seien, so hoffe ich, daß Gott auch Deutschland um unsertwillen nicht vernichten wird. Niemand von uns kann über seinen Tod Klage führen. Wer in unseren Kreis getreten ist, hat damit das Nessushemd angezogen. Der sittliche Wert eines Menschen beginnt erst dort, wo er bereit ist, für seine Überzeugung sein Leben hinzugeben.«

Am 6. März 2005 wäre Hans-Ulrich von Oertzen neunzig Jahre alt geworden. Mit diesem Buch möchte ich an den mutigen Teilnehmer am Aufstand vom 20. Juli 1944 erinnern. Oertzen wird weiterhin ein »Held der zweiten Reihe« sein, aber einer, der nun hoffentlich vollständiger in Erinnerung bleiben wird, als das bislang der Fall war.

Zum Schluß eine technische Anmerkung: Ich habe aus rein optischen Gründen bei allen Briefausschnitten die Auslassungszeichen zu Beginn und am Ende weggelassen und diese nur in den Texten verwendet. Außerdem habe ich bei der Zusammenfügung der verschiedenen Dokumente und Erinnerungen in Kapitel, die Oertzens Lebensstationen skizzieren, sowohl die Rechtschreibung als auch die Schreibweise der Namen vereinheitlicht und ursprünglich benutzte Abkürzungen ausgeschrieben beziehungsweise ihre Bedeutung erläutert – mit einer Ausnahme: Die beiden offiziellen Dokumente des Reichskriminalpolizeiamtes, die sich mit dem Selbstmord Oertzens befassen, blieben in ihrer Schreibweise unverändert.

Naturgemäß hat ein Buch, in dem Erinnerungen und Zeugnisse zusammengetragen werden, viele Autoren. Bei allen, die mir selbstlos geholfen haben, möchte ich mich hiermit bedanken. An erster Stelle ist Ingrid Simonsen, verwitwete von Oertzen, zu nennen, die bereit war, die sehr persönliche Hinterlassenschaft ihres ersten Mannes zu öffnen, was nicht hoch genug geschätzt werden kann, sowie Dr. Johannes Tuchel von der Gedenkstätte Deutscher Widerstand in Berlin, der nie Zweifel hatte, daß die Geschichte Hans-Ulrich von Oertzens in ein Buch gehört. Dr. Frank Böttcher und Ben Bauer vom Lukas Verlag haben auf unkomplizierte Art und Weise für die Umsetzung der Idee gesorgt. Weiterhin möchte ich mich bei Wilhelm-Thedwig von Oertzen, dem Genealogischen Sachbearbeiter des Oertzenschen Familienverbandes e.V., bedanken, der viel Material zur Verfügung gestellt hat und Licht in die Verwandtschaftsverhältnisse der Oertzen-Familie bringen konnte. Philipp Freiherr von Boeselager hat den Beitrag über seinen einstigen Mitstreiter eigens für dieses Buch angefertigt, wofür ihm herzlich gedankt sei. Mein Dank gilt auch Dietrich von Saldern, Bertha von Buchwaldt, Huberta von Abercron, Georgia van der Rohe, Agnes von Oertzen, Irmgard von Mohl, Joachim Wegener, Silvia von Rudzinski und Rolf Wilken, die ihre persönlichen Erinnerungen an Hans-Ulrich von Oertzen geschildert oder mir Dokumente überlassen haben. Torsten Simonsen hat sehr ehrlich das Wort für die nachfolgenden Generationen ergriffen. Sophie Weidlich vom Kurt-Hahn-Archiv in Salem konnte Wertvolles zur Schulzeit Oertzens beitragen, Ursula Frommann aus Schönbeck Pressematerial zum Gut Rattey.

Sven Felix Kellerhoff hat in bewährter Weise mit kritischen Hinweisen die Arbeit am Buch begleitet und hingenommen, daß ich mich auf »sein Territorium« gewagt habe. Monika Gräßler hat mit gewohnter Sorgfalt das Manuskript durchgesehen.

Vor allem aber möchte ich mich bei meiner Frau und meiner Tochter für ihre Unterstützung bedanken und für ihr geduldiges Zuhören, wenn ich wieder einmal über eine neu entdeckte Spur Hans-Ulrich von Oertzens erzählen mußte.

Dieses Buch widme ich meinen Eltern, Edeltraud und Manfred Keil, die auf verschiedene Weise mein Interesse für Geschichte geweckt haben.

Berlin, im April 2005 *Lars-Broder Keil*

Kindheit in Mecklenburg

Hans-Ulrich von Oertzen wird am 6. März 1915 in Berlin geboren. Sein Vater Ulrich stammt aus dem Hause Lübbersdorf-Teschow der weitverzweigten Familie von Oertzen, in der es vorkommt, daß sich die Mitglieder der verschiedenen Linien untereinander vermählen. So ist auch Hans-Ulrichs Mutter Elisabeth eine geborene von Oertzen, allerdings aus dem Hause Rattey. Die Hochzeit der Eltern fand am 17. November 1913 in Neustrelitz statt, wo der Vater als Offizier im Großherzoglich-Mecklenburgischen Grenadierregiment Nr. 89 dient. Wenig später ziehen sie nach Schwerin.

Am ersten Tag der Mobilmachung muß der Vater im August 1914 als Kompanieführer in den Krieg und wird im September in der Marneschlacht schwer verwundet. Ulrich kommt zunächst in ein Lazarett nach Aachen und kehrt dann zu seiner Frau zurück, die ihn pflegt. Im Februar 1915, drei Wochen vor der Geburt des Sohnes, muß Hauptmann von Oertzen wieder an die Front; ein Jahr später fällt er bei Somme-Py-Souain (Champagne) im Alter von 34 Jahren, ohne Hans-Ulrich je gesehen zu haben. Elisabeth, eine Malerin, sucht mit dem Jungen Zuflucht bei ihrer Mutter Luise von Oertzen in Neustrelitz. Diese stirbt 1922. Als sich im gleichen Jahr Elisabeths Bruder, Henning von Oertzen, scheiden läßt und dessen Frau mit den beiden Kindern aus Rattey weggeht, zieht Elisabeth mit ihrem Sohn Hans-Ulrich zum Bruder, um ihm den Haushalt zu führen.

Rattey, 1298 erstmals urkundlich erwähnt und lange Zeit im Besitz der Familie Manteuffel, gehörte seit 1775 der Familie von Oertzen. 1806 ließ Hans-Christoph von Oertzen einen zweistöckigen Putzbau mit Satteldach und Krüppelwalm im klassizistischen Stil errichten, der fortan als Wohnhaus diente und bis heute existiert. Bekannt wurde Rattey vor allem durch die Urgroßeltern von Hans-Ulrich. Adolf und Bertha von Oertzen gründen 1851 das Rettungshaus »Bethanien« für Jungen, eine Anstalt der Inneren Mission. Zwei Jahre später folgte das Rettungshaus »Bethlehem« für Mädchen. Den Anstoß für die Rettungshäuser erhielt das Ehepaar von dem Theologen Johann Heinrich Wichern, der in Hamburg das »Rauhe Haus« gegründet hatte, um sozial gefährdeten Jungen eine Heimat zu bieten. Die Ausbildung der in den Ratteyer Rettungshäusern tätigen Frauen übernahm Bertha von Oertzen selbst, die zudem seit längerem die Idee verfolgte, »Kleinkinderschulen« auf dem Lande einzurichten.

Vor dem Hintergrund dieser sozialpädagogischen Tradition wächst Hans-Ulrich in Rattey zwischen Gutshaus, Pferdestall und Feldern auf. Seine Liebe zum Reiten und das Interesse für die Landwirtschaft werden in diesen Jahren gelegt. Wie seine Vorfahren Landbesitz zu haben, ihn selber zu verwalten, wird sein Ideal. Regelmäßig besucht er das Gut Neese von Hedwig Freifrau von Rodde bei Grabow im Mecklenburgischen. Ihr Mann, Franz Joachim Freiherr von Rodde, und Hans-Ulrichs Vater dienten zusammen und waren im Krieg gefallen; daher besteht eine enge Beziehung zwischen den Witwen. Wenn Elisabeth mit ihrem Sohn zu Besuch ist, malt sie die Rodde-Kinder, so wie sie auch in Rattey Nachbarkinder zeichnet.

Hans-Ulrich hält sich mitunter mehrere Wochen allein auf Gut Neese auf. Huberta von Rodde, vier Jahre jünger als Oertzen, erinnert sich an ihn als »einen sehr fröhlichen Menschen, mit dem man gern zusammen war«. Beide reiten zusammen aus. Auch später, Hans-Ulrich ist längst Soldat, besucht er Huberta ab und zu oder nimmt sie mit dem Auto auf dem Weg nach Berlin mit, da sie in Potsdam im Kaiserin-Augusta-Stift ihr Abitur macht. In einem Brief an seine Frau Ingrid nennt Oertzen Jahre danach die inzwischen verheiratete Huberta von Abercron eine »Jugendgespielin«.

1928 wird sein Onkel Henning von Oertzen in ein Sanatorium eingeliefert, wo er am 12. September 1931 stirbt. Elisabeth von Oertzen sieht keine Möglichkeit, Gut Rattey allein zu führen. Sie verläßt das Anwesen und zieht mit ihrem Sohn nach Berlin. Dort mieten sie eine Wohnung in Steglitz in der Schloßstraße 11, Hans-Ulrich besucht das Friedenauer Gymnasium.

An die Kindheit Hans-Ulrich von Oertzens in Rattey und an das Wesen seiner Mutter erinnern sich 1939 Augusta von Oertzen, die Tante Hans-Ulrichs, in einem Aufsatz für die familieninternen »Oertzen-Blätter« sowie 1991 der Pfarrer Vicco von Bülow in einem Brief an den Autor.

Augusta von Oertzen

Die Malerin Elisabeth von Oertzen

In Rattey, wohl einem der schönsten Landsitze von Mecklenburg-Strelitz, wurde Elisabeth (Else) am 12. Oktober 1887 geboren. Das zarte Kind war so klein und schwächlich, daß man an ihrer Lebenskraft zweifelte, und nur der unermüdlichen Sorgfalt unserer alten Laule, der treuesten und besten aller Kinderfrauen, ist es zu danken, daß Else am Leben blieb und dem Stamme der Oertzen ein kräftiges Reis aufpfropfen konnte mit ihrem am 6. März 1915 geborenen Sohne Hans-Ulrich, heute Oberleutnant und Adjutant in Wien.

Der Herbst war ein Höhepunkt für unser altes Rattey. Unter der Oktobersonne leuchtete das Laub der hundertjährigen Bäume, die Blumen blühten leuchtender, und das alte, weiße Haus erglühte unter dem rot und gelb gefärbten Weinlaub. Noch waren die Fohlen und das Jungvieh draußen in den Koppeln, die an den Garten stießen, und sie brachten Leben und Bewegung in die Stille, die über den weiten Rasenflächen, unter dem noch dichten Laub der Bäume und über den Teichen lagerte, nur unterbrochen durch das leise Plätschern einer unermüdlich, ewig flüsternden Quelle. Ein unbeschreiblicher Zauber lag über

Gut Rattey in Mecklenburg um 1930. Hier verbrachte Hans-Ulrich von Oertzen einen Großteil seiner Kindheit.

Hans-Ulrichs Mutter Elisabeth von Oertzen wuchs ebenfalls in Rattey auf.

Triptychon der Malerin Elisabeth von Oertzen. Religiöse Motive tauchen immer wieder in den Kunstwerken der Mutter auf.

Ein weiteres Kunstwerk Elisabeth von Oertzens, entstanden 1937 bei einem Klinikaufenthalt in Brieselang

unserer schönen Heimat, ein Zauber, der allen denen unvergeßlich im Blute liegt, die zu den »Ratteyern« gehören.

Vielleicht war es die Pracht des Herbstes, in die ihre Geburt gefallen war, daß der Sinn für die Schönheit der Erde und für ihre künstlerische Darstellung ein so starker Impuls im Leben meiner Schwester gewesen ist. Als jüngste von vier Geschwistern verlebte Else, das »Nesthäkchen«, eine sorglose und behütete Kindheit, ihre zarte Gesundheit hielt sie von viel Verkehr und Vergnügungen zurück, und das nachdenkliche Kind wuchs in enger Beziehung zur Natur auf. Schon mit 4 Jahren fing sie an zu zeichnen; ohne irgendeine Anregung von außen nahm sie den Stift zur Hand und bildete nach, was ihr gefiel. [...]

Als Dreizehnjährige wurde sie in ein Berliner Pensionat geschickt, da meine Mutter erkannte, daß die Weltferne von Rattey ihre Entwicklung lähmen würde. Wissenschaftliche Ausbildung sagte Else trotz ihrer Intelligenz wenig zu. Malen und Reiten werden zur Leidenschaft, Zoo und Wasserfall ihr liebster Aufenthalt. Reisen zu Pensionsfreundinnen nach England und Frankreich erweiterten das seelische Blickfeld mehr, als daß sie es direkt beeinflußten. In England, dem klassischen Pferdeland, zeichnete sie die edlen Vollblüter, die behenden Füllen, studierte die Bewegung der Tiere. In Paris besuchte sie die Rennplätze, beobachtete auch dort ihr Lieblingstier, das Pferd. Nach Deutschland zurückgekehrt, versuchte sie, ihre künstlerische Begabung weiter auszubauen. In den Sommermonaten lud unsere Mutter Maler und Malerinnen zu Gast. Besonders der Berliner Porträtist Franz Triebsch förderte Elses Talent und lenkte ihr Interesse auf das Bildnis, dem sie sich in späteren Jahren immer mehr zuwandte. In den Wintermonaten arbeitete sie in Berlin bei dem Porträtmaler Leo von König und bei dem Graphiker Ernst Neumann, der sie wohl am stärksten beeinflußt hat.

In der künstlerischen Begabung Elsens ist die Vererbung ein starker Faktor. In dem Ratteyer Zweige der Oertzen lebt, mehr oder weniger stark, der Hang zur Weite, zur Expansion, und wo die Realität versagt, da tritt an die Stelle des vergeblich Erhofften und Ersehnten die Phantasie. War es das Erbe einer französisch-belgischblütigen Großmutter, der Auguste von Balthasar? Wirkten die Eindrücke des Großonkels Adolf von Oertzen aus Rattey nach, der vor hundert Jahren Griechenland, die Türkei und Ägypten bereiste oder die Abenteuerlust von Onkel Hans, dem Vater ihres Bruders, der, wegen seiner blonden Hünenhaftigkeit »weißer Elefant« benannt, Jahre seines Lebens zwischen Indern und Malaien in den Tropen verbracht hat?

In ihrer Kunst lebte die Sehnsucht nach dem, was abseits vom Alltag liegt. Bei einer Ausstellung in Berlin (1928) zeigte sich ihre leidenschaftliche Vorliebe für die exotische Tierwelt und für ferne, fremde Gebirgslandschaften. Mit überraschendem Einfühlungsvermögen malte sie die preziösen Känguruhs, die grotesken Giraffen, die hochmütig-erstaunten Strauße, die gefällig-weisen

Der Vater Ulrich von Oertzen als Offizier

Der Vater (links) mit anderen Offizieren im Ersten Weltkrieg

Elefanten in liebevoller und humoristisch erfaßter Besonderheit. Ihr, der im Lande der schönen Bäume Geborenen, wurden die Schauer der kahlen Tatrafelsen, wurde die Einsamkeit der Berge des Engadins zum künstlerischen Erlebnis. Sie war eine Malerin, die im Elan schaffte – sportlich gesprochen, ein Flieger, kein Steher.

Mit großen Unterbrechungen hat Else den Weg ihrer künstlerischen Entwicklung zurückgelegt. Ihre Kunst erreichte wohl in dem großen Altar in Temperamalerei den Höhepunkt, den sie, schon schwerkrank, 1937, vollendet hat. Es war, als habe sich der Kreis geschlossen für ihr künstlerisches Schaffen. Das Landkind fand in einer Parterre-Wohnung im Süden Berlins, die auf einen verschwiegenen Garten blickte, ein Stück Heimatboden wieder. In einem kleinen Atelier im Garten, dessen Atmosphäre erfüllt war von Sonne, Luft und den Wechsel der Jahreszeiten, schuf sie dies Triptychon »Maria mit dem Kinde von Engeln angebetet«. In der hingebenden Inbrunst dieser musizierenden Mädchengestalten, deren Gesichter fromm dem Göttlichen zugewendet sind, spiegelt sich ihre Losgelöstheit von allem Irdischen, die immer stärker in ihrem Wesen zum Ausdruck kam, je mehr das klaglos ertragene schwere Leiden fortschritt, dem sie am 11. August 1938 in noch nicht vollendetem 51. Lebensjahre erlegen ist.

Elisabeth von Oertzen war nicht nur eine Künstlerin, sondern im höchsten und stärksten Sinne Mutter. [...] Das reizende und liebenswürdige Kind war

Hans-Ulrich von Oertzen als Kleinkind mit einem Schaukelpferd. Mit echten Pferden hat er später häufig zu tun.

der Inhalt ihres Lebens. Nach Aufgabe der hübschen Wohnung am Schweriner Pfaffenteich siedelte sie mit ihm in das Haus unserer Mutter nach Neustrelitz über, ging viel auf Reisen und führte längere Zeit ihrem Bruder in Rattey nach seiner Scheidung den Haushalt. Die Sehnsucht nach Selbständigkeit und nach künstlerischer Bestätigung und vor allem der Wunsch, Hans-Ulrich eine gute Ausbildung zu geben, trieb sie nach Berlin. Eine behagliche kleine Wohnung in Steglitz erinnerte – wenigstens äußerlich – an die sorglosen Tage ihrer jungen Ehe. Unermüdlich und ohne Klage schlug sie sich durch das Leben, das reich war an Kämpfen und Fehlschlägen, erzog in selbstloser und aufopfernder Liebe ganz allein ihren Sohn, gab ihm das Vorbild einer heiteren und tapferen Lebensführung. Schon früh, mit 13 Jahren, gab sie Ulli aus dem Hause, trennte sich schweren Herzens, aber in der Erkenntnis der Notwendigkeit von dem Kinde, um das ihr ganzes Denken und Wünschen kreiste.

In den folgenden Jahren, in denen sie ganz auf sich selbst gestellt war, trat die Kunst wieder stärker in den Vordergrund; sie versuchte sich auf verschiedenen Gebieten: Miniaturmalerei, Keramik, farbiger Holzschnitt. Die entscheidende Wendung war die Temperatechnik, durch welche ihre Begabung wirklich freigemacht wurde. Else konzentrierte sich auf das Porträt, und ihr Sohn war ihr liebstes Modell. Sie malte und zeichnete ihn als kleines Bübchen, als Schuljungen mit einer Katze im Arm, später als jungen Soldaten, stilisiert zum Typ des deutschen Kriegers, ein Bild, das 1936 vom Reichsministerium für Wissenschaft, Kunst und Volksbildung angekauft wurde. [...]

Schon bettlägerig, schuf sie zu Weihnachten 1937 eine Radierung mit der hl. Familie. Wenige Tage vor ihrem Tode sprach sie von neuen Plänen, sie wollte die Evangelisten malen, Stickereien für Wandteppiche entwerfen und ausführen.

Ein rastloser und ungebeugter Geist hat in diesem zarten Körper gelebt, ein mütterlicher Geist, der nicht nur den eigenen Sohn umfaßte, sondern auch alle diejenigen liebend empfing, die Trost und Rat suchend an das Leidenslager einer Frau traten, die noch mit allen Fasern an der Erde hing, und doch bewußt und ohne Klage dem Tode entgegentrat. Ihre tiefe Religiosität ist wohl die Kraftquelle gewesen, aus der ihre heroische Leidensfähigkeit erwachsen konnte.

Vicco von Bülow

Hans-Ulrich von Oertzen war ein Mensch, den ich als kleiner Junge gekannt und bewundert habe. Das war Anfang der dreißiger Jahre. »Ulli« Oertzen war zehn Jahre älter als ich. Seine Mutter, Elisabeth von Oertzen, geborene von Oertzen, stammte aus Rattey bei Friedland in Mecklenburg. Mein Vater, Joachim von Bülow, und sie waren Nachbarskinder und blieben als solche auch später befreundet. Sie lebte als Malerin in Berlin. Ich weiß nicht mehr, wo sie wohnte, aber meine Schwester und ich wurden von ihr gezeichnet und gemalt. So waren wir oft bei »Tante Oertzen« und ihrem Sohn. Es fanden in der Wohnung auch Puppenspiele für Kinder statt.

Frau von Oertzen wurde schwer krank. Ich glaube, es war Krebs – jedenfalls habe ich damals zum ersten Mal den Namen dieser Krankheit gehört. Ich habe als etwa Elfjähriger »Tante Oertzen« besucht, als sie im St.-Josephs-Krankenhaus in Berlin-Tempelhof lag. Als ich mich verabschiedete, schenkte sie mir 50 Pfennige (das war damals viel Geld für mich und für eine Kriegerwitwe): »Davon kauf dir ein Rittergut!«

Ich bin Ulrich von Oertzen leider später nicht mehr begegnet. Ich hörte gelegentlich von meinem Vater, daß er Offizier geworden sei. Nach dem Kriege erfuhr ich gerüchteweise, daß er am 20. Juli umgekommen sein soll.

Schule Schloß Salem

Im Mai 1929 tritt Hans-Ulrich von Oertzen in die Zweigschule Spetzgart des berühmten Gymnasiums Schloß Salem ein. Obwohl es seiner Mutter sehr schwergefallen ist, den Dreizehnjährigen in das Internat am Bodensee zu geben, sieht sie darin die beste Möglichkeit für die Ausbildung ihres Sohnes. Geld für den Aufenthalt hat die mittellose Mutter nicht. Zum Glück bekommt ihr Sohn ein Stipendium.

Die Schule Schloß Salem war 1920 auf Betreiben des Prinzen Max von Baden vom Pädagogen Kurt Hahn gegründet worden. Ihr Ziel: die Errichtung einer vorbildlichen Erziehungsstätte, um zur »Heilung der deutschen Gesittung« beizutragen und durch eine »Erziehung zur Verantwortung« Charakterbildung zu betreiben. Die Absolventen des Reformgymnasiums sollten nach Hahns Vorstellung »staatbürgerliche« Verantwortung in führenden Positionen von Staat und Gesellschaft übernehmen. Das Konzept der Elitebildung sah neben musischen und handwerklichen Tätigkeiten sowie dem akademischen Unterricht auch eine Schülermitverantwortung und viel Sport vor, um den Schülern die Ideen von Mut, Fairneß und Kooperation »nahezubringen«. Spezielle Ämter wie der Juniorenhelfer, der sich um jüngere Schüler kümmerte, oder gar die Position des vom Schulleiter ernannten »Wächters« übernahmen nur die Besten.

Diese Anforderungen kommen Hans-Ulrichs Charakter entgegen. Er ist ein frühreifer Junge, den bereits ein starker Wille und Energie auszeichnen. Diese Eigenschaften werden in Salem weiter ausgeprägt. Eine seiner Klassenkameradinnen, Georgia van der Rohe, beschreibt die Wirkung des Schulkonzepts auf die Neuankömmlinge.»Salem stellte uns menschlich und charakterlich vor Anforderungen und Aufgaben, mit denen wir zu Hause nicht konfrontiert worden wären: die Verantwortung für sich selbst und für andere, die einem anvertraut sind, die Fähigkeit, auf andere einzugehen, organisieren zu können, wachsam und neugierig zu sein auf alle Aspekte des Lebens«, erinnert sie sich. Diese Eigenschaften hätten vor allem Hans-Ulrich von Oertzen ausgezeichnet, der »einer der Klügsten in unserer Klasse war«.

Ein Foto zeigt beide nebeneinander stehend: die bereits reif aussehende junge Frau und ein schüchtern an der Kamera vorbeiblickender Junge in kurzen Hosen und Wollkniestrümpfen, die linke Hand verlegen in der Hosentasche vergraben. Auf anderen Fotos fällt auf, daß sich der kleingewachsene Hans-Ulrich häufig im Hintergrund hält; mitunter wirkt er verschlossen, gar kühl. In den Erinnerungen seiner Tante Augusta wird er als in jener Zeit besonders ehrgeizig beschrieben.»Der Eindruck täuscht«, entgegnet Georgia van der Rohe, die Tochter des berühmten Architekten Ludwig Mies van der Rohe. Oertzen sei nicht übertrieben ehrgeizig gewesen, sondern gerade wegen seiner Fröhlichkeit beliebt und wegen seiner Leistungen bewundert worden. »Er war für viele ein Vorbild«, so die einstige Mitschülerin. Tatsächlich ist Hans-Ulrich ein Jahr nach seinem Eintritt in Salem bereits Juniorenhelferassistent und ab Sommer 1931 Juniorenhelfer. Auffallend sind auch seine sportlichen Erfolge. Er siegt mit seiner Mannschaft im Handball und läuft im Oktober 1932 beim Badischen Hallensportfest in Offenburg in der »Olympischen Staffel« die 800 Meter.

Männliche Bezugsperson für Hans-Ulrich ist Hauptmann Edgar Röhricht, ein Bekannter seiner Mutter und ein Anhänger des Reichskanzlers Kurt von Schleicher. Röhricht, der von 1931 bis 1935 im Range eines Generalstabsoffiziers in der Pressestelle des Reichswehrministeriums zeitweise unter Karl Ludwig von Oertzen arbeitet, offensichtlich einem entfernten Verwandten des Salemer Schülers, kümmert sich um den Jungen. Sie schreiben und treffen sich regelmäßig und unternehmen zusammen Reisen, die Elisabeth von Oertzen in jener Zeit nicht bezahlen könnte. In seinen Memoiren erinnert sich Röhricht an verschiedene Treffen mit Hans-Ulrich.

Edgar Röhricht

Dezember 1932 – Die Galgenfrist für Schleicher, den Kanzler, war knapp bemessen. Sehr bald sickerten die ersten Gerüchte durch. Die Damen in den Vorzimmern steckten die Köpfe zusammen. Auch ließ der Andrang gewisser Besucher nach, ein sicheres Zeichen, daß der Wind im Umschlagen war. [...]
    Ich befand mich in zwiespältiger Stimmung, als ich Ulrichs Brief erhielt. Es handelte sich um den »jungen Oertzen«, der vaterlos aufgewachsen, bei mir Anlehnung gesucht hatte.
    »Das Weihnachtsfest verlebe ich bei der Mutter, die kann das verlangen. Dann aber komme ich zu Dir nach Schlesien. Denn Du bildest Dir ja wohl nicht ein, daß Du mir diesmal entgehst, wo Euer Mann jetzt der Hauptkoch ist. Ich will nämlich wissen, wie das aussieht, wenn Ihr Politik treibt. Die anderen Jungens beneiden mich um Dich, jetzt mehr als je. Natürlich gibt es welche, die Euch Reaktionäre schimpfen, lahme Hengste, denen bald heimgeleuchtet wird. Aber wir werden ja sehen.«
    Im Herzen Freude wie immer, wenn der ungewöhnliche Junge an meine Freundschaft appellierte, saß ich noch über den großzügig hingemalten Zeilen, als Foertsch [Hauptmann Hermann Foertsch, Mitarbeiter im Reichswehrministerium, LBK] durch die Verbindungstür eintrat. »Post vom jungen Bonaparte?« Auch er kannte den jugendlichen Herrn von Oertzen, der sich in den Ferien gern bei der Abteilung herumtrieb.
    Über den Besuch nach dem Weihnachtsfest schreibt Edgar Röhricht in sein Tagebuch:

Schulgebäude von Spetzgart am Bodensee, das zur berühmten Schule Salem gehört

Schülerkarte Hans-Ulrich von Oertzens

Dezember 1932 – In der Halle der »Teichmannbaude« stieß ich, als ich mir kurz vor dem Abendessen noch rasch ein paar Zeitungen ergattern wollte, überraschend auf Oberstleutnant Kurtis, einen alten Freund und Kriegskameraden, der in der Nähe in Garnison stand. Strahlend kam er auf mich zu. [...] Ich war über das Wiedersehen ehrlich erfreut. »Und wo ist der Vizesohn? Auf den bin ich nämlich neugierig.«

Ich lachte. »Den wirst Du schon noch zu spüren bekommen. Übersehen läßt der sich nicht. Aber seinetwegen bist Du ja wohl nicht hier.«

»Da hast Du recht. – Nicht jeder hat heutzutage einen Freund an der Quelle sitzen. Und da ich einst nicht ganz unbeteiligt daran war, daß Du jetzt in der Lage bist, das Gras wachsen zu hören, wollte ich auch mal was davon haben.« [...]

In der Weinstube trat auch bald der »junge Oertzen« in Erscheinung. Schon während der schmucke Ski-Junge auf den Tisch zusteuerte, wußte Kurtis, wer da kam. Groß war er nicht, aber gut gewachsen. Interessiert blickte der Oberstleutnant in das leicht hintübergebeugte Gesicht unter wirrem, kastanienbraunem Haar.

»Wie ich höre, auch ein künftiger Stratege?«

Verwundert schaute der Jüngling auf den kleinen, freundlich lächelnden Herrn herab, im Zweifel, wie er ihn in der militärischen Hierarchie unterbringen könnte, als Kurtis ihn in geläufigem Englisch nach seiner Internatsschule fragte. Ulrich antwortete im gleichen Idiom, selbstbewußt von einem Spiel gegen Harrow berichtend, sich dann aber an mich wendend: »Bist Du Dir klar, daß ich einen Mordshunger habe?«

»Also schnell in Abendgala! In einer Viertelstunde gongt es.«

Kurtis blickte ihm nach.

»Mecklenburger Uradel, auch die Mutter stammt aus der gleichen Familie. Der Vater, ebenfalls Offizier, fiel kurz vor der Geburt des Sohnes [nicht korrekt: Ulrich von Oertzen fiel nach der Geburt am 27. Februar 1916, LBK], so daß sich die Witwe kümmerlich durchschlagen mußte.«

»Danach sieht er, weiß Gott, nicht aus. Und dazu diese Schule?«

»Freistelle und Stipendium. Die Leute dort haben einen Blick dafür, wem so etwas zusteht. Und ein weniges von dem, was sonst noch dazugehört, damit er keine Minderwertigkeitskomplexe erwischt, wofür er auch wenig Talent zeigt, ist mein bescheidener Beitrag zu dem Experiment. Durch Zufall lernte ich vor einigen Jahren seine Mutter kennen.

Und worüber ich mir bald klar wurde: Ulrich besitzt das, was mir fehlt. Wo wir zu grübeln und zu erwägen beginnen, verfügt er über die Unbekümmertheit des Entschlusses. Er könnte einmal den Absprung finden, wo unsereiner versagt.« [...]

Ich saß am kleinen Sekretär in meinem Zimmer und machte Notizen, als

Klassenfoto in Salem: Oertzen in der ersten Reihe vorn rechts. In der zweiten Reihe mit weißem Kragen steht Georgia van der Rohe.

Ulrich noch einmal eintrat, um mir gute Nacht zu wünschen und nach unserer Gewohnheit noch ein wenig zu plaudern.

»Nie hätte ich in Deinem ›little captain‹ einen so klugen Mann vermutet! Und trotzdem will er jetzt ins Ausland, weil er bei Euch keine Chance hat. Wie schafft man es, bei Euch Karriere zu machen?«

»Man darf sein Licht nicht unter den Scheffel stellen, darauf willst Du doch wohl hinaus. Dieserhalb habe ich bei Dir keine Sorge. Im übrigen, wie überall, Glück und Können gehören dazu. Unser Kegel wird nach oben immer enger. Und alle Jahre fallen oben so viele heraus, wie unten hinzukommen, also ein ständig im Gange befindlicher Ausleseprozeß, bei dem in Friedenszeiten natürlich Irrtümer unterlaufen können.«

»Verbeamtet seid Ihr, zu hoffnungslosen Spießern geworden, wirft man Euch vor! Draußen aber herrscht frischer Wind, Sturm soll es demnächst geben, der Euch hinwegfegt, so sagen die Leute. Und man merkt es denen auch an, daß ihre Auslese anders vor sich geht, dafür aber rascher.«

Hans-Ulrich von Oertzen (1. von rechts) mit Schulkameraden in Salem

»Lockt Dich das Tempo? Dann sieh Dir die Brüder doch einmal genauer an, die dort jetzt nach oben drängen! Bisher stelltest Du höhere Ansprüche.«

»Wir sind ja noch ›behütete Buben‹ hinter unseren Schulmauern. Aber einiges dringt auch zu uns durch, und wer will verhindern, daß man sich Gedanken macht? Da steht auf der einen Seite der Staat, mit seiner Truppen- und Polizeimacht. Ihm gehorchen die Beamten, die Gerichte, er macht die Gesetze und hält den Daumen auf dem großen Geldsack, alles zusammen immerhin eine beachtliche Angelegenheit!

Und da kommt nun so ein Mann wie Hitler, kein Mensch hat ihn oder seine Familie vorher gekannt. Und nicht einmal zum Offizier hat er es gebracht. Gefreite blieben doch nur die Nieten. Und solch ein Nichts stellt sich eines Tages hin, einfach hin vor die fremden Leute und sagt, was er über die Verhältnisse denkt. Erst ist es eine Handvoll, die ihm zuhört, dann schon mehr, bald Tausende, und nun geht es in die Millionen. Um ein Haar wäre er Reichspräsident geworden, und auch Ihr hättet ihm gehorchen müssen. Und noch ist nicht aller Tage Abend.

Eure Minister sind sicherlich sehr kluge Herren. Hitler ist bestimmt kein Herr, er sieht wenigstens auf den Bildern nicht so aus. Und ob er besonders klug ist, vermag ich nicht zu beurteilen. Auf welche Weise bringt es solch ein Mann fertig, daß immer mehr zu ihm überlaufen, ihm zujubeln, ja, sich sogar für ihn totschlagen lassen? Dazu gehört doch etwas Besonderes, was die anderen nicht haben.«

Salems Schulgründer Kurt Hahn, ein zum Christentum konvertierter Jude, steht der Weimarer Republik, ihrem Parlamentarismus und dem Grundsatz der Parteiendemokratie distanziert gegenüber. Er beklagt einen Mangel an Patriotismus und fühlt sich zu deutschnational-konservativen Kreisen hingezogen. Angesichts der Gewaltverherrlichung der Nationalsozialisten fordert er allerdings in einem »Rundschreiben vom 9. September 1932« alle Absolventen und Freunde der Schule auf, Salem die Treue zu halten und gegen den Nationalsozialismus zu stehen. Zusammen mit Paul Rohrbach verfaßt er kurz danach eine Denkschrift, in der er die Öffentlichkeit beschwört: »Ein Deutschland, das noch einen Funken von Selbstachtung hat, kann Hitler nicht zum Kanzler wählen!« Noch nach der Machtübernahme durch Hitler erklärt er im Februar 1933: »Wir weigern uns, die Jugend für den faschistischen Staat zu erziehen.«

Das alles dürfte von den älteren Schülern wie Hans-Ulrich von Oertzen nicht unbemerkt geblieben sein, zumal die NS-Presse nach der Veröffentlichung der Denkschrift begonnen hatte, gegen den »Juden Hahn« zu hetzen. Inwieweit seine Mahnungen Eingang in das Denken der Abiturienten finden, die sich auf ihren Abschluß vorbereiten, ist nicht feststellbar. Wie das Gespräch zwischen Oertzen und Edgar Röhricht zeigt, finden junge Leute Adolf Hitler offensichtlich interessant. Trotzdem sind die Schüler schockiert, als ihr Schulleiter Anfang März 1933 verhaftet wird – auch Hans-Ulrich von Oertzen, wie Georgia van der Rohe erzählt.

Der junge Oertzen (5. Schüler von links) im Unterricht. Revolutionär für damalige Verhältnisse waren die gemischten Klassen und die einander zugewandte Sitzordnung.

Der Schüler Oertzen (3. von links, am Fenster) beim theoretischen Segelunterricht

Im selben Monat besteht Oertzen die mündliche Prüfung zum Abitur und verläßt am 6. April die Schule. Sein nächster Schritt ist klar: Er will zur Armee. Das ist zum einen Tradition in der Familie Oertzen. Zum anderen unterstützt ihn Röhricht darin. Noch 1932 hatte sich Oertzen um den Eintritt in die Reichswehr beworben und war angenommen worden. Röhricht bringt Oertzen 1933 auch zu dessen erster Dienststelle – der 6. Nachrichtenabteilung in Hannover. Die Entscheidung für diese Einheit ist kein Zufall: Der Dienst in einer Nachrichteneinheit verlangt hohe geistige Fähigkeiten und bietet zudem viele Aufstiegsmöglichkeiten.

Edgar Röhricht notiert über die Fahrt nach Hannover:

Herbst 1933 – Der junge Oertzen hatte inzwischen die Schulkluft abgelegt, um in den Rock des Soldaten zu schlüpfen, den man einst als Ehrenkleid zu bezeichnen pflegte, doch heutzutage war man nüchtern. Als Freund und Gönner machte ich mir die Freude, den Jungen persönlich in die künftige Garnison zu begleiten.

Der bescheidene Koffer mit den Habseligkeiten war auf dem Rücksitz verstaut. Was hatte er sonst noch mitzunehmen in das Abenteuer des Lebens, das noch verhüllt vor ihm lag? Gute Wünsche von der Mutter und einen alten Wappenring. Ob der junge Napoleone mehr besessen hatte, als er mit dem Juristenvater in der Postkutsche gen Brienne rumpelte?

»Die Sommersprossen sind fort. Und aus dem naseweisen Bengel ist so was wie ein junger Herr geworden. Jetzt setze ich Dich in den Sattel, reiten mußt Du selber.«

»Wem sagst Du das? Was ich mir vornahm, als ich Dich kennenlernte, ist geglückt. Und so wird es auch weitergehen. Oder hältst Du es nicht auch für ein günstiges Omen, daß sich gerade jetzt die Fesseln zu lockern beginnen?«

»Deutschland hat den Völkerbund sicherlich nur verlassen, damit der Fahnenjunker Oertzen zu seiner Chance kommt.«

»Leugnest Du, daß es eine ist?«

»Du bist schließlich nicht der einzige Gesichtspunkt in der Weltgeschichte. Jenseits der Grenzen ist man weniger begeistert.«

»Warum läßt man sich's dann gefallen?«

»Schleicher soll unlängst die Ansicht vertreten haben, die draußen, insbesondere Frankreich, glaubten es sich leisten zu können, die Nationalsozialisten ihren eigenen Schwierigkeiten zu überlassen. In wenigen Monaten sei der Spuk vorbei.«

Ulrich wandte forschend den Blick. »Und was habt Ihr dabei zu schaffen?«

»Sollen sie sich die Köpfe untereinander einschlagen, was schert uns das!«

Ich berichtete aus der Zeit des Eintritts in den Völkerbund, daß man Deutschland im Fall von Strafaktionen ebenfalls zur Stellung eines Kontingents

Blutiges Hobby: der jugendliche Oertzen bei der Jagd

hatte verpflichten wollen – Hilfe für Frankreichs polnischen Verbündeten im Fall eines russischen Konfliktes –, uns aber zugleich auf dem Versailler Statut einer »Grenzpolizei« festhielt.

»Ein schmieriger Handel, die Politik«, meinte Ulrich, um dann ganz ernsthaft zu fragen: »Wie kann man das lernen?«

Was ich mit schallendem Lachen quittierte. »Sei bloß in der Kaserne von so was still und zerbrich Dir nicht den Kopf. Im übrigen bringst Du für dies schmutzige Handwerk schon einiges mit.«

»Meine Mutter meinte unlängst, Dein Einfluß auf mich sei durchaus nicht immer der beste, Du bestärktest mich in allen meinen Fehlern. Ich sei bald nicht mehr zu genießen.«

»Merkst Du das erst heute? – Allerdings wird der Kommiß schon dafür sorgen, daß Deine Bäume in nächster Zeit nicht in den Himmel wachsen. Aber das Barometer sieht nicht nach ›beständig‹ oder gar ›Schönwetter‹ aus. Und so könnte es sein, daß Du eines Tages hinter klobigen Koppelricks, Gräben und Hürden Dein Ziel siehst. Junge, dann reite!«

Ein Jahr später treffen sich beide erneut. Während Oertzen euphorisch über seinen Dienst spricht, ist Röhricht von der Entwicklung seit 1933, die er von Beginn an mit Distanz gesehen hat, enttäuscht. Die Reichswehr als in ihrem Selbstverständnis »unpolitische Armee« hatte nach dem sogenannten Röhm-Putsch ihre Neutralität verloren und war Teil und Diener des nationalsozialistischen Herrschaftssystems geworden. Am 30. Juni 1934 waren SA-Stabschef Ernst Röhm und eine Reihe SA-Führer unter dem Vorwand, sie würden einen Putsch gegen Hitler planen, verhaftet und ermordet worden. Bei dieser Gelegenheit »entledigte« sich Hitler gleich früherer Widersacher. Die Reichwehr war daran indirekt beteiligt. So stimmte Reichswehrminister Werner von Blomberg der Verhaftung des früheren Reichskanzlers Schleicher zu, der ebenfalls ermordet wurde. Röhricht war ein Anhänger Schleichers. Zudem hatte mit Kurt Freiherr von Hammerstein-Equord, dem ehemaligen Chef der Heeresleitung, ein angesehener General als Konsequenz aus der Entwicklung seinen Abschied eingereicht. Edgar Röhricht will deshalb das Ministerium verlassen, wie seinem Bericht über die Begegnung mit Oertzen zu entnehmen ist:

Herbst 1934 – Schmuck und adrett sprang der Fähnrich auf den Bahnsteig, kaum daß der D-Zug anhielt, und meldete sich militärisch zur Stelle, so daß die Passanten mißtrauisch zu dem unscheinbaren Zivilisten herüberguckten, dem dieser Aufwand galt. Und doch war es Ulrich, wie er leibte und lebte, mit der schicken Mütze auf dem kastanienbraunen Haar, dessen Schnitt keineswegs kommissig zu nennen war. Männlicher wirkte er, ohne Frage, das machte wohl nur die Uniform, denn schon nach wenigen Kilometern im altvertrauten Zweisitzer war er der fröhliche Junge von früher.

Für einige Herbsttage hatte ich das Allgäuer Landhaus meines Malervetters bezogen, um mich von dem kräftezehrenden Berliner Betrieb zu erholen, und, da sich die Gelegenheit dafür bot, mir den jungen Oertzen eingeladen, um den Kontakt mit ihm nicht zu verlieren und weil mir seine unbekümmerte Frische guttun würde.

Am anderen Morgen schien die Sonne. Wir lagen im Windschutz auf einer Bergwiese. Hoch über uns zogen die Wolken. »Deshalb hat mich der Kommiß nicht mal enttäuscht. Wer verlangt in der Volksküche Lampreten? Und doch bin ich froh, das Gröbste hinter mir zu haben. An sich macht es mir nichts aus, auch einmal vor einem Rindvieh strammzustehen, aber lieber tue ich es doch vor jemand, der mir als Persönlichkeit imponiert, und solche gab es auch unter den Unteroffizieren. Doch nun geht es von Stufe zu Stufe. Außerdem wittern wir Morgenluft, ganz allgemein!«

»Euch könnte es sogar zur Gefahr werden, daß Ihr eine glattere Bahn vorfindet, als sie Unerprobten bekommt!«

»›Einziger Waffenträger der Nation!‹ Das war doch Euer Erfolg. Wie habe ich Dir in den Tagen den Daumen gedrückt!«

»Wer es aus der Nähe erlebte, denkt bescheidener!«

Ich hatte die Hände über dem Kopf verschränkt und blickte zu den ziehenden Wolken auf.

»Was ich Dir jetzt sagen will, wird Dich enttäuschen: Ich habe es bis zum Ekel satt, da noch länger mitzuspielen! Klare Luft brauche ich, um nicht zu ersticken. Ich habe genug von dem täglichen Wust an Hinterhältigkeit und politischem Schiebertum, gegen den wir nicht ankommen, weil wir den Methoden nicht gewachsen sind.« [...]

»Und wohin willst Du?«

»Das ist mir im Moment ziemlich gleichgültig, höherer Stab oder Truppe, nur raus aus dem Laden!«

»Verzicht auf jedes Mitspielen? Das verstehe ich nicht!«

»Ach Ulli, Du Ausbund an Ehrgeiz, ich bin einfach müde! Zu Schleichers Zeiten konnte man sich noch einbilden, es habe einen Zweck. Glaub mir, heute bedeutet es keinen Verzicht! Wir haben längst aufgehört, eine eigene Karte im politischen Spiel zu sein. Die Truppe ist dafür nur noch ein höchst fragwürdiges Werkzeug. Und kommt die Wehrpflicht, ist es vollends vorbei!« [...]

Ein Lächeln spielte kurz über sein Gesicht. Dann wurde er wieder ernst. »Darf man sich durch Unzulänglichkeiten den Blick für das Grobe trüben lassen, das inzwischen erreicht wurde? Auch mir ist natürlich nicht entgangen, daß keineswegs überall mit sauberen Mitteln gearbeitet wurde. Ebenso habe ich mich über Gewalttaten empört, die besser unterblieben wären. Aber hat es nicht einen Auftrieb gegeben, außenpolitisch und im Innern, wie wir ihn in den kühnsten Träumen nicht auszudenken wagten! Nimm mir nicht meine

Hoffnungen! Ich habe meinen Eid ehrlich und mit Begeisterung geschworen, anders kann man das nicht mit neunzehn Jahren! Was ich bin, will ich ganz sein!«

»Das sollst Du auch Ulli, gerade Du! Aber wer Deine Rosinen im Kopf hat, darf auch vor der Kehrseite der Dinge nicht die Augen verschließen. Ohne sie ist das Bild unvollständig und das Urteil schief. [...]

Aber überleg einmal, Du frischgebackener Gefolgsmann, welche Gefahr es bedeuten kann, daß alle Entscheidungen, ohne die geringste Sicherung gegen Fehlentschlüsse, in der Hand des einen Mannes liegen. Notfalls müßte man also mit Gewalt dagegen einschreiten. Doch beim heutigen Stande der Technik – Propagandamonopol, Allgegenwart des Diktators – sind auch dafür die Voraussetzungen fragwürdig, womit Zukunft und Schicksal, Deines, meines und alles, was uns das Dasein bisher lebenswert machte, auf dieser einen Karte steht.«

»Aber hat er nicht bereits eklatant bewiesen, welch ein Meister er auf dem politischen Brett ist?«

»Als Generalstabsoffizier ist man zu nüchterner Beurteilung erzogen. Dazu gehört auch, Anfangserfolge nicht zu überschätzen, was Laien meist tun.

Seine Begabung, auf dem Instrument der Massenseele zu spielen, steht außer Zweifel. Seine ersten Schritte auf dem Parkett der großen Politik waren verblüffend, doch noch ist alles offen. Zum Teil waren es Wechsel auf die Zukunft, die später erst zur Einlösung kommen. Wichtiger noch: Wer kennt sein Ziel?«

Auf dem Weg in den Generalstab

Hans-Ulrich von Oertzen findet sich im Militäralltag schnell zurecht. Die Ausbildung bereitet ihm keine Schwierigkeiten, seine Vorgesetzten mögen ihn wegen seiner Tüchtigkeit und Zuverlässigkeit. Besonders gut versteht er sich mit seinem Kompaniechef, Hauptmann Rolf Wilken. Da beide Pferdeliebhaber sind, reiten sie häufig vor dem Dienst zusammen aus. Eines Tages macht Wilken seinem Untergebenen ein ungewöhnliches Angebot: Hans-Ulrich von Oertzen soll die Patenschaft über seinen jüngsten Sohn übernehmen.

Wilkens Sohn Rolf erinnert sich 2004:

Rolf Wilken

Hans-Ulrich von Oertzen war 1937/38 als Leutnant Adjutant meines Vaters in Hannover. Oertzen war damals der jüngste und sympathischste Offizier in der Kompanie meines Vaters, und Oertzen hat gern die ihm angetragene Patenschaft an meinem jüngeren Bruder Gerd-Ulrich übernommen. Von dieser Taufe existieren noch zwei fotografische Aufnahmen.

Zum letzten Mal hat meine Familie zu Oertzen Kontakt gehabt, als wir Kinder 1942 mit meiner Mutter Ferien in Binz machten. Er besuchte uns dort überraschend, war auf der Durchreise, wie er sagte, und machte meiner Mutter mit einem großen Strauß Blumen seine Aufwartung. Er freute sich über seinen Patensohn und besonders darüber, daß auch er einmal Offizier werden wollte.

Dazu sollte es jedoch nicht kommen. Nur zwei Tage nach dem Tod Oertzens verschwindet Gerd-Ulrich Wilken am 23. Juli 1944 bei einem Badeurlaub spurlos am fast menschenleeren Strand. Sein Schicksal ist bis heute ungeklärt.

Während seiner Armeezeit in Hannover hält Hans-Ulrich von Oertzen weiterhin Kontakt zu Edgar Röhricht. Der war inzwischen zum Oberstleutnant befördert worden, hatte als Generalstabsoffizier der 19. Division in Hannover gedient und anschließend die Stelle des 1. Generalstabsoffiziers (Ia) im Stab des IV. Armeekorps in Dresden angetreten. Gemeinsam unternehmen sie längere Fahrten, zum Beispiel Ostern 1937. Vom 24. bis 31. März sind sie mit dem Auto in Sachsen, Thüringen und im Süden Deutschlands unterwegs. Die Strecke: Hannover – Dresden – Leipzig – Nürnberg – Salem – Konstanz – Mannheim – Frankfurt – Weimar. Von dieser Osterfahrt wie auch von anderen Touren hat Röhricht Alben angefertigt. Sie enthalten neben Fotoaufnahmen und Postkarten selbstgedichtete, ein wenig holprige Verse über die Reise und »Ullis« Erlebnisse.

Edgar Röhricht

Osterreise 1937

Und als wir Nürnberg näher kamen
Tat Ulrich in den Koffern kramen
Und zog, bevor die Reichsstadt nahte,
hervor drei Fotoapparate.
»Ich tausch mir hier, das wird fein,
Dafür eine Retina ein!«
Der andre denkt: Die kriegt er nie!
Zwei Stunden später hat er sie.

[...]
Dann über Salem gehts verwegen
Nach Spetzgart auf verbotnen Wegen.
Da liegt das Haus im Sonnenschein.
In jedes Zimmer guckt er rein.
Das war mein Spind. Hier gab es Prügel.
Dort drüben liegt der Mädchenflügel.
Das alte Tau hängt auch noch da.
Was alles einstens hier geschah,
Das fällt dem Ulli wieder ein
Er möcht gern noch mal Schüler sein.
Da war's, wo wir die Dachse suchten.
Bergauf – bergab durch alle Schluchten
Geht's bis dem andern es zu dumm,
Rings um die ganze Schule rum.
Der schließlich keucht aus voller Lunge:
Du warst halt doch ein Lausejunge!

[...]
In Weimar kann man prächtig ruhn
Und auch was für die Bildung tun.
Im »Erbprinz« von der Fahrt der schnellen
Erholt man sich bei Bachforellen.

Dann schläft man gut nach all der Müh
Die Bildung, die kommt morgen früh.

Nach »ham and eggs« geht es hinaus.
»Wo ist hier Goethes Gartenhaus?«
Der Eingeborne sagt mit Gruß:
»Nur 10 Minuten noch zu Fuß!«
Entschlossen da der Ulli spricht:
»Dorthin zu Fuß? Das lohnt sich nicht!«

Worauf wir abseits von Goethes Spuren
Und »ungebildet« weiterfuhren.

Das Frühjahr 1938 bringt Hitler seinen bisher größten Erfolg: den Anschluß Österreichs an das Deutsche Reich. In dieser Zeit trifft Edgar Röhricht erneut seinen Schützling. Der hat inzwischen seinen Dienst in Hannover beendet und mit 23 Jahren eine Stelle in Wien angetreten. Seine ersten Eindrücke sind zwiespältig. Röhricht notiert:

Frühjahr 1938 – Hans-Ulrich von Oertzen, seines Zeichens Oberleutnant, war inzwischen in Wien gelandet, als Adjutant eines Obersten beim dortigen Gruppenkommando. Was der Junge angefaßt hatte, war ihm geglückt, und jedesmal im rechten Moment öffnete ihm der Gang der Ereignisse, deren Problematik für mich eine so schwere Belastung darstellte, die Pforte zur nächsten Stufe. Ulrich wuchs spielend auch in die Leistung hinein, für die ihm die Konjunktur die Chance gab.

Ich hatte mich mit dem anhänglichen ›jungen Klienten‹ von einst, der seinen ›Rennwagen‹ mit dem Rest des Gepäcks von Hannover nach Wien überführen wollte, nach Berneck im Fichtelgebirge verabredet, wo wir am Ufer der Ölschnitz schon so manches Wochenende miteinander verbracht hatten. ›Rennwagen‹ war eine starke Übertreibung für das gebrauchte Vehikel, mit dem der Angeber vorgefahren kam.

»Hallo, alter Edgar, da staunst Du, was? Und wie ich dazu kam? Nicht viel anders als Ihr früher unter Kollegen zu Euern Gäulen, darüber spricht der Kavalier nicht. Im übrigen drei Jahre gespart, keine einzige Zigarette, und ganz ohne Kredit ist man ja schließlich auch nicht mehr.«

Wie immer fühlte ich mich erfrischt von der Gegenwart des Jungen, der mich noch nie enttäuscht hatte.

Nach dem ersten munteren Geplauder wurde Ulrich ernst, als er von Wien sprach, vom Eindruck der ersten Wochen.

»Es ist nicht etwa so, daß es sich bei den Parteileuten nur um Eingerückte

Hans-Ulrich von Oertzen als Modell: Das Bild eines deutschen Soldaten zeichnete seine Mutter. Es wurde 1936 vom Reichsministerium für Wissenschaft, Kunst und Volksbildung aufgekauft.

handelt. Es waren schon reichlich Einheimische vorhanden. Und es ist durchaus nicht alles schön, was sich da begibt. Warum muß ein geschichtliches Ereignis solche Schattenseiten haben!

Einmal ging ich in den Stephansdom, um nach dem Sarkophag des Prinzen Eugen zu schauen, von dem Du mir soviel erzählt hast. Es gibt da zahlreiche Seitenaltäre, vor denen immer Leute knien. Da sah ich Gesichter, so schmerzerfüllt, daß sie mich heute noch verfolgen.

Zu uns Soldaten hat die Bevölkerung noch das meiste Vertrauen, weil wir nichts für uns wollen. Und was mich schwer erboste: Immer wieder durchziehen SS-Trupps in einer Aufmachung, die wir uns nicht leisten können, die Straßen mit dem Gesang: ›Das ist die Garde, die unser Führer li-a-iebt.‹

Ich habe früher oft geglaubt, aus Dir spreche die Verärgerung. Allmählich sehe auch ich das Bedenkliche an dem System. Wenn einem der Blick dafür erst einmal geschärft ist, stößt man auf immer Neues.«

Das jugendliche Gesicht unter dem gut zurechtgestrichenen Haar wirkte mit

Hans-Ulrich von Oertzen
als junger Soldat

einem Male ernster und gereifter. »Aber es ist ja nicht anders möglich, als daß ein himmelweiter Unterschied besteht zwischen ihm und seinen Handlangern!« Und nun folgte ein leidenschaftlicher Ausbruch, das Bekenntnis eines unbeirrbaren Glaubens an den Mann, der die Nutznießer der Versailler Erbschaft aus ihrem satten Behagen aufgescheucht und im kühnen Griff ihr Gespinst zerrissen habe. »Dafür muß man schließlich auch einige Schönheitsfehler in Kauf nehmen.« Ich ging nicht darauf ein. Sollte er sich sein Urteil selbst bilden! Dieser Junge kam schon auf den rechten Weg.

Seinen Einsatz in Wien kann Hans-Ulrich von Oertzen für eine weitere Reise mit seinem väterlichen Freund unterbrechen. Fast allerdings hätte die Tour nach Dalmatien an die Adria über Wien, Suzak, die Insel Rab, Split, Agram (Zagreb) und zurück nach Wien nicht stattgefunden. Oertzen schreibt am 10. März 1938 an Röhricht: »Lieber Edgar. Mein Kommandeur hat mich gemäß der Verfügung des Heerespersonal-Amtes vom 8.3.38 für ein Jahr namhaft gemacht. Ist das im Sinne des Erfinders? Wenn ja, bin ich

Suppe und Wein: Hans-Ulrich von Oertzen 1937 auf der Ostertour mit seinem väterlichen Freund Edgar Röhricht durch Deutschland

Oertzen beim Auftanken 1937 auf der Ostertour

Ein nachdenklicher Oertzen 1937 auf der Ostertour

Hans-Ulrich von Oertzen (rechts außen) 1938 bei der Taufe seines Patenkindes Gerd-Ulrich Wilken, ein Sohn seines Vorgesetzten

sehr damit einverstanden. Leider geht die ganze Sache so schnell. Wenn ich Anfang April dabei sein wollte, trauere ich nur um unsere Dalmatienfahrt. Herzlichen Gruß. Dein Ulli«. Doch die Fahrt vom 13. bis 19. April findet statt.

Osterreise 1938

>   Schon lange stand die Absicht fest,
>   Daß Ulli übers Osterfest
>   Nach Süden wollt die Schritte lenken.
>   Warum? Das kann sich jeder denken.
>   Teils scheint dort schon die Frühlingssonne,
>   Die Mädchen sind auch eitel Wonne.
>   Was gibt's da groß zu überlegen?
>   Teils auch der – Kofferzettel wegen.
>
>   Beharrlich, man kann sagen, stur
>   Ist Ulli nicht im Dienste nur.
>   Die Stirn des Oberst tat sich runzeln
>   Allmählich aber mußt er schmunzeln

Und schließlich sagt er: »Hau bloß ab!«
Der Ulli setzt sich rasch in Trab.
Schon steht – jetzt geht's zur Adria
Der Nachtschnellzug nach Agram da.

[...]
Bergauf – bergab, die kreuz und quer
Geht durch den Karst die Fahrt zum Meer.
Von Bord – stolz wie ein Kapitän –
Wollt Ulli Susak sich besehn.
Hoch ragen Berge in den Himmel,
Im Hafen rings ein bunt Gewimmel.
Da klettert langsam und mit Schwanken
Ein Pfunds-Mercedes hoch die Planken
Und wird verstaut auf dem Verdeck.
Auf einmal ist der Ulli weg.
Erst hoch auf See entdeckte man
Fachsimpelnd ihn beim Automann.

Auf Rab gibt's Autos nicht noch Gaul.
Die Sonne brennt, Ulli ist faul.
Hier muß man wie ein Kurgast handeln,
»Im Schweiß der Füße« fürbaß wandeln.
Mit der Retina knipst er brav,
Drauf streckt er sich zum Mittagsschlaf
Vor dem Hotel im Sonnenschein.

Die Bügelfalte letzter Chic,
Den Hut leicht hinten im Genick,
So kann in Split man ab halb zehn
Den Ulli auf dem Korso sehn.
Flanierend durch der Mädchen Menge.
Auch sitzt er gern in dem Gedränge
Am Uhrenplatz und anderswo,
Saugt Eisgetränk durch hohes Stroh.
Rings das Gekreisch der Zeitungsjungen,
Es kauderwelscht in vielen Zungen.

Fünf Tage – eine kurze Zeit.
Schon steht der Zug gen Wien bereit.
Man soll sich nicht mit Trübsinn plagen,

Hans-Ulrich von Oertzen hält Eindrücke der Reise in seinem Tagebuch fest.

Oertzens Begleiter Edgar Röhricht auf der Osterreise 1938 nach Dalmatien

Oertzen und Röhricht Ostern 1938 auf dem Korso in Split

Abfahrt aus Dalmatien mit dem Zug Richtung Wien

In Wien nimmt Oertzen an Reitturnieren teil.

Hans-Ulrich von Oertzen ist ein begeisterter und erfolgreicher Reiter.

Oertzen im Dienst.
In seinen Briefen stöhnt
er oft über die Büro-
arbeit und den »Papier-
kram«.

Oertzen ausgelassen in einer
Manöverpause

Wenn nebenan der Speisewagen,
Wo für den Rest der Dinar man
Von früh bis abends essen kann.

[...]
Und als der Stephansdom in Sicht
Der Ulli froh und heiter spricht:
»Dalmatien – fünf Tage nur
Und doch 'ne schöne Ostertour!«
Ein Lachen liegt auf seinen Zügen.
»Und jetzt kommt Wien! Rin ins Vergnügen!«

In seiner neuen Stellung in Wien nutzt Hans-Ulrich von Oertzen die Gelegenheit, seinem Hobby nachzugehen, dem Reiten. Er absolviert einen vierwöchigen Lehrgang in der berühmten Spanischen Reitschule und nimmt anschließend an Turnieren teil. Zudem fährt er Autorennen. In beiden Sportarten erringt er Preise und Ehrenzeichen. Doch seine Begeisterung für Wien wird getrübt, denn am 11. August 1938 stirbt seine schwerkranke Mutter mit noch nicht einmal 51 Jahren in Berlin. Wenige Wochen zuvor schreibt sie ihm einen Brief – es ist der letzte an ihren Sohn.

Elisabeth von Oertzen

Charité, Berlin, 6.6.38

Liebes Koy,
vorläufig komme ich mir vollkommen dumm vor auf dieser Maschine und leider auch sonst, denn Du selbst fehlst mir auch sonst sehr. Ausgerechnet jetzt, wo Du fort bist, soll ich eine Entscheidung treffen. Das Möbelproblem rollt sich mal wieder auf. Da Du aber so schön erwachsen geworden bist, kannst Du mir wenigstens raten. Soll ich in ein Stift gehen, ein Zimmer mit eigenen Möbeln einrichten, den Speicher auflösen? Kannst Du außer den Bücherbrettern Möbel brauchen? Jetzt, wo Du den Transport frei hast? Könntest mal herfliegen. Du brauchst Dir sonst bestimmt keine Sorgen um mich zu machen, oder Dich meinetwegen in überstürzte Maßnahmen zwecks Gelderwerbs zu stürzen. Ich lebe lange genug, um zu wissen, daß Geld nicht alles ist, wenn es auch angenehm ist, es zu haben, und so wohl mir auch Deine Fürsorge tut, weil sie mir ein Zeichen Deiner Liebe und Ritterlichkeit ist, so will ich doch nie ein Kloß an Deinem Bein sein. Als kleiner Junge schenktest Du mir einmal die 3 Mark, für die Du Deine Lokomotive verschoben hattest. Das war dasselbe und vielleicht muß man Dir darum so gut sein. Aber eben deswegen möchte ich manchmal

meine Hände über Dich halten. Bei all Deiner schlafwandlerischen Sicherheit neigst Du dazu, Deine eigene Anständigkeit bei anderen zu vermuten. Na, ein paar kleine Erfahrungen, und die Sache ist in Ordnung. Nur daß Du zu hart auf die Nase fielst, möchte ich nicht.

Mein Koy, nachdem, was die Ärzte sagen, werde ich wohl nie ganz gesund sein, es wäre daher töricht, wenn ich für mich noch einmal etwas vom Leben erwarten wollte, besonders, da es mir sehr viel gegeben hat. Meine Wünsche sind für Dich, Du weißt es ja, ohne daß ich es Dir sage! Mütter können scharf sein, sie können abscheulich sein, wenigstens sind sie aufrichtig. Faust ... ach so, Faust liest Du ja nicht – – –.

Übrigens war die ganze geistige Nahrung (2 engl. Bücher) hier liegengeblieben! Ich schließe diesen Brief, Du wirst so keine Zeit haben. Leb wohl, Koy. Deine Mujo.

Das erste Weihnachtsfest ohne seine Mutter verbringt Hans-Ulrich von Oertzen 1938 bei Edgar Röhricht. Im darauffolgenden Jahr beendet er seinen Aufenthalt in Wien und strebt einen Generalstabslehrgang an. Zunächst geht er zum Hauptquartier des Armeeoberkommandos 12 und anschließend zum Hauptquartier des Oberkommandos der Heeresgruppe C, das im Westen stationiert ist. Im Juni 1940 wird er Lehroffizier an der Heeresnachrichtenschule in Halle (Saale), wo er den gleichaltrigen Dietrich von Saldern kennenlernt. »Hans-Ulrich war sehr kameradschaftlich, und er hat viel Frohsinn verbreitet«, erinnert sich Saldern. Von Halle aus unternehmen beide auch Ausflüge auf Güter der Umgebung. Zum Beispiel besuchen sie den ihnen persönlich bekannten Anthroposophen, Indologen und Privatlehrer Hans-Hasso von Veltheim-Ostrau auf seinem Besitz. Die Landwirtschaft ist neben dem Militär weiterhin die Leidenschaft des jungen Oertzen. Deshalb nimmt er gern die Einladung seines Freundes an, ihn einmal zu Hause zu besuchen. Saldern stammt aus der Neumark, einem kargen Landstrich östlich der Linie Schwedt – Küstrin. Einer seiner Vorfahren war dort Landrat, bei Hohenwutzen überquert eine sogenannte Saldern-Brücke die Oder. Viele Adelsfamilien besitzen in der Neumark landwirtschaftliche Güter. Den Eltern von Dietrich gehört das Gut Mantel. Dort trägt sich Oertzen in den kommenden Jahren so manches Mal in das Gästebuch ein.

Gästebuch

Besuch am 1.6.40

Plötzlich zum Dienst zurückgerufen
verlasse ich des Hauses Stufen.
Herzlichen Dank für angenehme Unterbrechung des »Etappendaseins«
Ulrich von Oertzen, Oberleutnant

Hans-Ulrich von Oertzen (rechts) mit seinem Freund Dietrich von Saldern zu Besuch bei ihrem Bekannten Hans-Hasso von Veltheim-Ostrau, einem Anthroposophen und Indien-Forscher

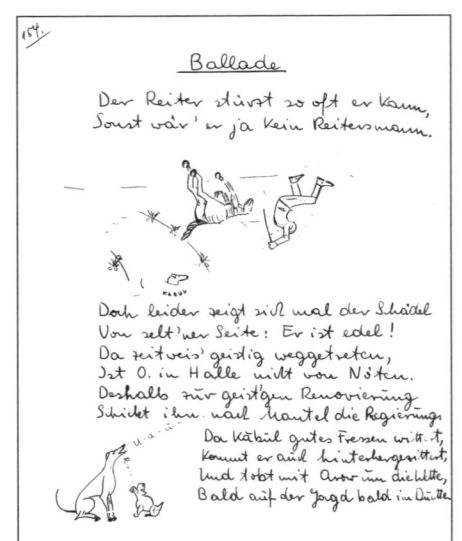

Nach einem längeren Erholungsurlaub trägt sich Oertzen mit einer von ihm illustrierten Ballade ins Gästebuch der Familie von Saldern ein (Faksimile).

Besuch vom 13.11. bis 13.12.40

Ballade

    Der Reiter stürzt so oft er kann,
    sonst wär er ja kein Reitersmann.
    Doch leider zeigt sich mal der Schädel
    von seltener Seite: Er ist edel!

    Da zeitweis geistig weggetreten,
    ist O. in Halle nicht von Nöten.
    Deshalb zur geist'gen Renovierung
    schickt ihn nach Mantel die Regierung.

    Da Kabul gutes Fressen wittert,
    kommt er auch hinterhergezittert,
    und tobt mit Arow um die Wette,
    bald auf der Jagd bald im Duette.

    Trotz junger Kunst der Hausestöchter
    gerieten Haus und Kost nicht schlechter.
    Vorüber waren Giftbräugedanken
    war erst die Mahlzeit überstanden.

    Nicht körperlich allein gepflegt,
    auch geistig wird er angeregt:
    Des Veltheims große Indienreise
    ist just die wahre Geistesspeise.

    Zum allergrößten Überfluß
    erwischt ihn noch ein Hexenschuß.
    So streckte noch ein Schuß hier lang,
    was einem Sturze nicht gelang.

    Trotz dieser großen Fäulnisfülle
    wird restauriert die alte Hülle.
    Das Nervenbündel das zerfetzte
    wird hergestellt bis auf das Letzte.
    Für alles, weil's so gut gelang
    sag ich den allerbesten Dank.

13.11.–13.12.40   Ulrich von Oertzen

Hans-Ulrich von Oertzen 1941 in einem ausgefallen geschneiderten Wintermantel am Asowschen Meer (Ukraine)

Nach seiner Genesung wechselt Oertzen die Einheit. Er wird im Januar 1941 zum Panzergruppen-Nachrichtenregiment 1 abkommandiert, das auf dem Balkan und später, unbenannt in Panzerarmee-Nachrichtenregiment 1, in der Ukraine eingesetzt wird. Im Sommer 1942 besucht Oertzen dann einen Lehrgang auf der Kriegsakademie in Berlin. Er nutzt den Aufenthalt, um zu seinem Freund Dietrich von Saldern nach Mantel zu fahren.

Trotz Kriegseinsatz findet Oertzen an der Ostfront Zeit zum Skifahren.

Gästebuch

Besuch am 1./2.8.42

Nach anderthalb Jahren wieder einmal ein schönes Wochenende im »Kurort« Mantel.
    Ulrich von Oertzen

Besuch vom 21.–27.8.42

Urlaub zwischen Generalstabslehrgang und neuer Verwendung als Zweiter Generalstabs-Offizier einer Infanterie-Division im Wolchow-Gebiet (Nordrußland).
    Möge dieses Haus mit seiner alten preußischen und damit echt deutschen Auffassung noch vielen jungen Menschen – um uns wenigstens unserer selbst bewußt zu werden oder zu bleiben haben wir heute dergleichen besonders nötig – so viel geistige Anregung und Halt mit auf den Weg geben, wie es mir immer und gerade wieder dieses Mal gegeben hat.
    Ulrich von Oertzen

Liebesbriefe von der Front

Die erste Begegnung

Nach anderthalb Jahren besucht Hans-Ulrich von Oertzen am Wochenende des 1. und 2. August 1942 wieder einmal seinen Freund Dietrich von Saldern auf dessen elterlichem Gut Mantel in der Neumark. Oertzen absolviert auf der Kriegsakademie in Berlin einen Generalstabslehrgang und hat das Wochenende frei. Zum Kaffeetrinken ist die neunzehnjährige Ingrid von Langenn-Steinkeller vom Nachbargut Bellin eingeladen, die der siebenundzwanzigjährige Oertzen nur von Bildern kennt, die bei seiner Gastfamilie stehen. Sie war mit Dietrichs Bruder Sieghard verlobt, der 1941 fiel. Die Salderns halten weiter Kontakt, sie mögen die junge Frau. Die »Schwiegermutter« Marie Luise von Saldern hatte ihr gegenüber schon häufiger von Oertzen geschwärmt, Ingrid weiß aber nicht, daß der junge Offizier an diesem Nachmittag auch zu Besuch ist.

»Ich stand auf der Terrasse, als er aus dem Haus kam. Er war mir gleich sympathisch«, erinnert sich Ingrid. Nach dem Kaffee gehen beide spazieren. Sie wirken fast wie ein Paar. Die junge Frau ist sehr zierlich und Hans-Ulrich nur wenig größer als sie. »Wir haben uns kurz unterhalten, aber sehr intensiv. Er erzählte mir vom frühen Tod seiner Mutter, zu der er offensichtlich eine sehr enge Beziehung hatte.« Beide interessieren sich für Malerei und Pferde. Die Vertrautheit erscheint Ingrid ungewöhnlich. Sie ist ihr aber nicht unangenehm.

Nach dem Besuch schreibt Hans-Ulrich von Oertzen einen ersten Brief. Bis zum 20. Juli 1944 sollen es rund 240 werden. Oertzen mischt darin sachliche Berichte vom Armeealltag mit ironischen Beschreibungen über die Umstände des Krieges. Er tauscht sich mit Ingrid über gemeinsame Bekannte aus, er macht sich Gedanken um die gemeinsame Zukunft und versteht es immer wieder, ihr Mut zu machen. Über seine Rolle im Widerstand verliert er kein Wort: Zwar gibt es offiziell ein Briefgeheimnis für Offiziere, doch muß er davon ausgehen, daß Frontbriefe kontrolliert werden. Wohl deshalb streut Oertzen immer wieder »offizielle« Ansichten in die persönlichen Schilderungen ein. Manchmal scheint er Andeutungen zu machen, wirklich klar wird seine tatsächliche Rolle dadurch nicht. Gleichwohl lassen sich aus den Briefen Rückschlüsse auf Oertzens Einstellung und Denken ziehen, sind Veränderungen nach der ersten Euphorie über den Fronteinsatz spürbar, die mit der Kriegslage, aber natürlich auch mit der enger werdenden Beziehung zu Ingrid von Langenn-Steinkeller zu tun haben. Der erste Brief am 3. August 1942 lautet:

Sehr verehrtes gnädiges Fräulein.

Sie werden sicherlich erstaunt sein, daß ich Ihnen schreibe. Ich muß mich über mich selbst wundern, denn ich pflege normalerweise nicht jeder jungen Dame, die ich in fremdem Hause am Kaffeetisch innerhalb einer Stunde kennenlerne, längere Episteln zu übermitteln. Sie aber stellen eine Ausnahme dar, und Ausnahmen müssen grundsätzlich anders behandelt werden. Sie werden fragen: Wieso bin ich eine »Ausnahme«? Sie werden zugeben müssen, daß es zu Einzelfällen gehören dürfte, daß zwei junge Menschen nach einer halben Stunde des sich Kennens eine halbe Stunde in der prallen Sonne wie festgenagelt stehen, sich über die schwierigsten Probleme des Lebens unterhaltend. Es dürfte weiterhin selten sein, daß Sie nach so kurzer Zeit einem Ihnen völlig unbekannten Menschen viele der Sie im Augenblick beschäftigenden Gefühle darlegen! Sie haben dies in so einfacher, ergreifender Form getan, daß ich später, nachdem ich mir noch einmal über alles klargeworden war, noch lange darüber nachgedacht habe. Mehr möchte ich Ihnen im Augenblick nicht über meine Gefühle und Gedanken, die ich im Anschluß an unser Gespräch bewegt habe, berichten, denn ich weiß ja gar nicht, wie Sie über mich denken. Ich könnte mich nur glücklich schätzen, wenn Sie mir bald antworteten, und noch glücklicher, wenn ich Sie wiedersehen würde, um mit Ihnen zu sprechen. Ich habe heute – gegen jede Erwartung – drei Wochen Urlaub im Anschluß an meinen Lehrgang bekommen und bleibe infolgedessen noch bis Ende August in Deutschland. Sie kennen nun meinen Wunsch, gnädiges Fräulein, wissen, was mich bewegt und verstehen mich hoffentlich.

Mit herzlichen Grüßen Ihr Ulrich von Oertzen

Wenig später bringt ein tragisches Ereignis beide einander näher: Ingrids Mutter stirbt. Am 12. August 1942 schreibt er:

Liebes gnädiges Fräulein.

Sie können sich gar nicht denken, wie sehr mich Ihr Brief, den ich so erwartet hatte, erschüttert und zugleich auch glücklich gemacht hat. Nehmen Sie mein tiefstes und herzlichstes Mitgefühl für den Tod Ihrer Frau Mutter entgegen. Ich weiß, was es bedeutet, seine Mutter zu verlieren, und deswegen glaube ich auch ganz Ihren Schmerz mitfühlen zu können, der Sie nun – zu Ihrem bestehenden – hinzu noch befällt. Ich habe Ihnen neulich nur einiges in dürftigen, kurzen Sätzen sagen können. Wie eigenartig, daß ich es getan habe und daß ich es konnte. Mögen Ihnen diese meine Worte ein kleiner Trost sein, mögen es die richtigen gewesen sein, Sie zu festigen, und mögen sie Ihnen etwas die Kraft gegeben haben, trotz dieser schweren Verluste dennoch vertrauensvoll und zuversichtlich in die Zukunft zu sehen! Denken Sie an meine Worte, mit denen ich mich selbst über vieles hinwegsetze: »Je schwerer einen das Schicksal prüft, desto besser und härter formt es einen, hebt einen aus der Masse empor und macht einen zu größeren Aufgaben fähig. (Oder anders gesagt: Wen Gott liebt, den straft er.) Je bitterer einen so ein Schicksalsschlag trifft, um so geläuterter muß man daraus hervorgehen. Die Aufgaben, die das Leben an uns stellt, müssen wir lösen, um wirklich zu leben!«

Glücklich bin ich darüber, daß Sie mir Ihren Brief in so schwerer Stunde geschrieben haben. Unser Gespräch ist Ihnen also wertvoll, ist Ihnen eine »leise Vorbereitung« gewesen! Ich möchte alles daran setzen, Ihnen zu helfen. Wie dumm komme ich mir in meinen Zweifeln vor, ob Sie mir antworten würden. Wie konnte ich ahnen, welches der Grund für Ihre späte Antwort war. Verzeihen Sie mir! Ich wollte Ende nächster Woche nach Mantel kommen, wenn es Frau von Saldern, der ich geschrieben habe, paßt. Ich warte noch die Antwort aus Mantel ab. Erfüllen Sie mir bitte dann meinen Wunsch, Sie wiederzusehen und mit Ihnen sprechen zu dürfen? Ich bin bis Sonntag in Binz auf Rügen und fahre dann nach Berlin zurück, um auf Ihre Antwort zu warten.

In tiefster Anteilnahme und der Hoffnung auf ein baldiges Wiedersehen bin ich Ihr Ulrich von Oertzen.

Tatsächlich kommt es Ende August zu einem ersten Wiedersehen auf Gut Mantel. Es werden inhaltsreiche Tage, die beide genießen. Sie gehen spazieren und schwimmen im See. Die gemeinsamen Erlebnisse lassen Oertzen mutiger werden, eine festere Bindung zu versuchen. Wie ernst er es tatsächlich meint, kann Ingrid nur erahnen. Oertzen hat seine Gedanken über ihre gemeinsame Zukunft in einem Brief niedergeschrieben, den er ihr aber nicht aushändigt. Der junge Offizier hat ihn für den Fall seines Todes geschrieben, wie das üblich ist bei Soldaten, in ihm bekennt er sich sehr offen zu seiner Liebe. Später wird Ingrid dieses Schreiben von Frau von Saldern erhalten. Im nächsten abgeschickten Brief an seine neue Bekannte deutet Oertzen das »geheime« Schreiben jedoch an.

25.8.42

Liebe Ingrid.

Ich nehme mir die Frei- oder Frechheit, Sie so zu nennen. Sie können es mir verbieten. Frauen und Festungen müssen im Sturm genommen werden. Betrachten Sie also meine Anrede, wie es Ihnen gefällt, zum Beispiel als »starkes Spähtruppunternehmen«. Ich wollte Ihnen noch einmal von ganzem Herzen danken, daß Sie ihre Zeit geopfert haben, mit mir in Mantel langwierige Gespräche zu führen. Ich muß Ihnen gestehen, daß diese letzten Tage meines Aufenthaltes in der Heimat einen Höhepunkt darstellten, den ich mir vorher nicht erträumen konnte. Mögen sie Ihnen das gegeben haben, was ich erhoffe. Damit Sie aber auch sehen, daß meine abenteuerlich anmutenden Andeutungen »meine Worte auf die Waagschale legen zu müssen« nicht der Grundlage entbehren, habe ich meine Gedanken in einem Brief an Sie noch gestern zusammengefaßt, der Ihnen zum richtigen Zeitpunkt zugehen wird. Daß dieser Zeitpunkt noch fern liegt, können Sie sich denken, denn sonst hätte ich Ihnen ja alles mündlich sagen können.

Sie bitte ich um Aufklärung, welchen Sinn Sie der »Brücke« beigelegt haben, auf die ich »achten« soll? Bei mir hat es nämlich plötzlich gestern an einigen Punkten geistig ausgesetzt, wofür ich um Verzeihung bitte. Ich kenne diesen Zustand und weiß auch, daß er sich Gott sei Dank überlebt. Scheinwerfer in das Dunkel sind aber doch manchmal am Platz. Ihr Anruf eben gerade war zum Beispiel so ein Scheinwerfer. Die in meinem Dunkel angestrahlten Stellen bedanken sich untertänigst! Und wieder sprachen Sie von der »Brücke«?

Ihr Ulrich Oertzen

Anfang September tritt Oertzen seinen Dienst an der Ostfront im Stab einer Infanterie-Division als Ib (Versorgung) an. In den ersten Briefen beschreibt er mit Begeisterung vor allem die neue Umgebung um den Ort Wolchow. Über Greuel wie die öffentliche Erschießung eines Wehrmachtssoldaten oder den Tod seines Fahrers berichtet Oertzen weitgehend unberührt. Statt dessen beklagt er sich über das Wetter, den Schlamm, die Russen und vor allem, daß er als für Versorgung zuständiger Generalstabsoffizier mit der Front kaum etwas zu tun hat und nur selten dorthin kommt, »wo etwas los ist«. Gern brüstet er sich mit kleinen »Heldentaten«. Zugleich ist die förmliche Anrede »Liebes gnädiges Fräulein« einem vertrauten Ton gewichen, und schnell findet Hans-Ulrich für Ingrid einen Kosenamen. Er nennt die eifrige Pilzsammlerin »Amanita«, lateinischer Fachbegriff für einen Fliegenpilz, der aber Glückspilz bedeuten soll. Selbst unterschreibt er in Anspielung auf eine Kutschfahrt mit dem von Ingrid vorgeschlagenen »Arabaddy«, eine Abwandlung des türkischen Worts für Kutscher – Arabaci.

3.9.42

Liebe Ingrid.

Nach sehr schneller und reibungsloser Fahrt bin ich jetzt in meinem Wolchow-Sumpflager gelandet. Die Fahrt dauerte von Sonntag 5 Uhr bis Dienstag nachmittag und führte zunächst durch die Ostseestaaten mit ihrem Bauernhof-Charakter auf leicht hügeligem Land und ab Pleskau durch die endlosen Sumpfwälder, die für diese Gegend typisch sind. Partisanen haben meinen Zug glücklicherweise nicht belästigt. Häufig pflegen sie unsere Lokomotiven in die Luft fliegen zu lassen. In Pleskau ließ ich mir Marschverpflegung für einen Tag geben, die aus einem halben Brot, einem halben Pfund Butter und etwa einem Pfund Blutwurst bestand, für deutsche Heimatverhältnisse ganz reichlich. [...] Alles freut sich auf die Kälte, denn Fliegen und Mücken werden verschwinden, und der gefrorene Sumpf wird passierbar. Zur Zeit findet der gesamte Fahr- und Gehverkehr nur auf mühsam gebauten, kilometerlangen

Als Oertzen dieses Portät von Ingrid im Haus seines Freundes Dietrich von Saldern entdeckt, verliebt er sich sofort in sie.

Das Gut Bellin der Familie von Langenn-Steinkeller in der Neumark

Ingrid von Langen-Steinkeller mit ihrem Vater Franz Helmut in Bellin

Ingrid von Langenn-Steinkeller und Hans-Ulrich von Oertzen in enger Vertrautheit auf Gut Bellin

Knüppeldämmen statt, die einem die Zähne aus dem Mund schütteln. Ich selbst brause im Augenblick durch die Gegend, um allen Leuten zu zeigen, wie der neue Potentat aussieht. Alles was ich sehe, wird eifrig fotografiert, so daß ich der staunenden Heimat später illustrierte Vorträge halten kann. Meine Division besteht in der Hauptsache aus Ostpreußen, also einer gemütlichen, soldatischen Landsmannschaft. Kameradschaft ist hier oberstes Gebot, denn wenn man sich gegenseitig noch anstänkern wollte, könnte man hier überhaupt nicht mehr existieren.

10.9.42

Meine liebe Amanita!
(Wie Du mir, so ich Dir)

Zu Ihrem Geburtstag möchte ich Ihnen meine allerherzlichsten Glückwünsche aussprechen und Ihnen ganz sanft andeuten, daß ich an diesem Tage noch wesentlich mehr an Sie denken werde als bisher. Und das will schon allerhand bedeuten. Viel lieber würde ich Ihnen ja die Wünsche, die ich für Ihr nächstes Lebensjahr hege, mündlich sagen, als über 1000 Kilometer auf dem »gewissen Seelenwege«, aber es soll eben nicht sein. Möge Ihnen das neue Jahr nicht so viel Schweres wie das alte bringen, denn Sie haben gerade genug durchmachen müssen. Mein Wunsch ist es weiterhin, daß Sie mir immer Ihr Herz so ausschütten können und wollen, wie Sie es in manchen Fragen schon getan haben. Denn ich glaube, es gibt nichts Schöneres, als das Vertrauen eines Menschen zu genießen und zu wissen, ob man ihm nützen kann. Diese eigenartigen Blumen aus einem Partisanendorf mitten im Sumpf – nur im dreistündigen Fußmarsch durch Lehm und Hochmoor zu erreichen – sollen die Überbringer meiner Gedanken und Wünsche sein. Ob sie Ihre Aufgabe erfüllen können?

Ihr treuer Kutscher

21.9.42

Meine liebe Amanita.

Schon in meinem letzten Brief habe ich mit dieser »übertragenen« Anrede begonnen. Ich hoffe, daß mir die »Pilz-Amanita« verzeihen möge, daß aber auch die nun also so angeredete mir nicht darob allzu gram sei! […] In den letzten drei Wochen habe ich hier kaum drei Tage an meinem Schreibtisch gesessen: Besprechungen bei Vorgesetzten und untergeordneten Dienststellen, Besichtigungen der Stellung, der Versorgungseinrichtungen wie Bäckerei, Schlächterei, Werkstattkompanien, Feldlazarette; Fahrten in unsere Staatsgüter und Heuerfassungsgebiete, Erkundungen von Beutelagern im Sumpf usw. werden abgelöst von kleinen Reitjagden bei meiner Veterinärkompanie und Besuchen bei vielen Bekannten, die auch das Schicksal in diese gottverlassene Gegend geworfen hat. (Mein bester Freund von den Generalstabslehrgängen ist ganz unweit von mir in einer gleichen Stellung wie ich.) Trotzdem kann ich mich nicht im »Atem des Außergewöhnlichen« fühlen wie unser lieber Kriegsberichterstatter in der »DAZ« [Deutsche Allgemeine Zeitung, LBK]. Nicht nur nicht, weil meine Gegend vom Kriegsgott in keiner Weise bestrahlt ist, sondern auch, weil ich einen Krieg niemals als etwas Außergewöhnliches empfinden kann. Er ist der Vater aller Dinge, ist doch nun leider einmal der innere Sinn unseres Menschen- und Naturschicksals. Nur der lange Friede und die Ruhe schienen mir jetzt außergewöhnlich. [...] Der Krieg stumpft eben nun einmal unvorstellbar jeden Kämpfer ab. Er denkt »geradezu und mittendurch«, nicht etwa, weil er klüger oder aufgeschlossener geworden wäre, sondern weil er zu faul ist, lange nachzudenken. So mag sich die Masse auch vielleicht den Schein etwas Außergewöhnlichen in diesen Krieg durch propagierten oder wahren Idealismus in Wunschträumen und Zukunftsbildern vorspiegeln lassen, ich sehe jetzt und in diesem Krieg nur ein ewiges Auf und Ab, einen Ablauf des Weltgeschehens in winzigem Ausschnitt ohne jeden Anspruch auf ein phrasenhaftes »Außergewöhnliches«. Es sollten sich lieber jetzt alle mit dem eisernen Muß der Stunde abfinden, als Abstrakta anzuhimmeln, die jedem wirklichen Soldaten völlig wurscht sind, da er viel primitiver und auf seine Art natürlicher denkt, während jeder mit dem Atem des Außergewöhnlichen beim ersten Schuß höchstwahrscheinlich davonrennt. Können Sie das verstehen?

Nun aber schnell Schluß! Es ist schon wieder so spät, und ich muß morgen um 6 Uhr bereits gen Petersburg starten, das ich mir einmal von der Ferne ansehen will. Auf dem Wege will ich noch etwas Bretter, Dachpappe und Nägel »organisieren«, Gegenstände, die hier wegen Seltenheitswertes mit Gold aufgewogen werden.

26.9.42

Aber...nita!

Was orakelt Sie da in Ihrem Brief vom 13.9. von einem seligen oder unseligen Tag, an dem Sie den Sprung in die Welt gewagt haben? Dank dafür, daß Sie mich selbst an Ihrem Geburtstag mit einem Feldpost-Brief bedenkt. Rechne ich mir und Ihr (oh pardon – umgekehrt) hoch an! Daß ich mich krampfhaft bemüht habe, Ihr zu Ihrem »Ehrentage« noch rechtzeitig zu schreiben, hat Sie ja damals nicht gewußt. Darum wohl auch einige Stellen in diesem Ihrem Brief, die an die zweideutigen Weissagungen der alten Pythia auf ihrem Dreisitz über der Giftdampf-Spalte von Delphi erinnern. Die wußte ja auch nicht – das arme Luder –, was sie sagte, und erst eine Reihe von Priestern mußte beraten, was man aus ihren wirren Sätzen herauslesen konnte. So schlimm ist es bei Ihr ja nun nicht! Ich hatte mich nur etwas ins Historische verloren.

Zur Sache! Warum liegt in der ungewissen Zukunft eine Gefahr? Liegt nicht vielmehr ein Reiz darin, sein Ziel, noch ungetrübt durch eventuelle Zwischenfälle und Hindernisse, vor sich zu sehen? Warum soll man bei dem Gedanken Trübsal blasen, daß einmal ein großes Erleben, das man gehabt hat, in der Zeitmühle verflachen könnte? Mach' Sie sich mal keine Sorgen um die Zukunft. Füll' Sie Ihr Dasein mit Hoffnung und Freude! [...] Sie soll das »Heute« genießen und im »Morgen« die Erfüllung sehen! [...] Neulich wollte ich mir ein großes russisches Beutelager ansehen, das noch aus der alten Wolchow-Kesselschlacht stammt. Zu Pferd kommen wir bis auf sechs Kilometer heran, dann mußten wir die armen, völlig erschöpften Tiere stehen lassen, da sie fast bis zum Bauch im Schlamm versanken. In schnellen, kleinen, möglichst leichten Schritten ging es weiter neben einem Winterweg, der nur noch an den umgefahrenen Bäumen zu erkennen war. Wir sanken bald bis an die Knie ein, und da es dazu noch regnete, war es gerade kein Sonntagsspaziergang in diesem verdammten Urwald. Plötzlich knallten von rechts aus etwa 40 Meter Entfernung mehrere Schüsse, die wir sechs Mann sofort stehend beantworteten. An Hinlegen dachte wegen des Sumpfes überhaupt keiner. So schnell wie erschienen, verschwand dann auch wieder der Partisanenspuk, und wir setzten unsere Wanderung fort, um das Bewußtsein reicher, daß wir nun auch bald auf Minen treten könnten. Das Beutelager – nach zwei Stunden fluchenden Marsches erreicht – war dazu überhaupt nicht befriedigend. Völlig fertig erreichten wir dann unsere Pferde, die von drei sehr erblaßten Burschen gehalten wurden, und ritten, allmählich wie Sumpfgötter der Unterwelt aussehend, nach Hause. [...]

Gestern war wieder eine herrliche Reitjagd. Wirklich ein ganz besonders erfreuliches Ereignis. Fast wie einst! Bei unserer Nachbar-Division hat leider der böse Russe in das Halali hineingeschossen und 21 Offiziere zur Strecke gebracht.

7.10.42

Meine liebe Amanita!

Heute war ein ganz interessanter Vortrag vor den Pastoren meiner Division über das Thema »Versagertypen in der Wehrmacht«. Man kam richtigerweise zu dem Schlußergebnis, daß es wohl eine Anzahl dieser Versagertypen gibt, die eben von Grund auf unfähig sind, Soldat zu sein, daß aber in der großen Masse sowohl der Keim zum Bösen wie zum Guten liegt. Es geht also nur darum, den richtigen zu wecken. Sind also die Führer und Offiziere gut, so gibt es keine Versagertypen. Versagt aber der Vorgesetzte, so braucht man sich über die dann entstehenden Mißstände nicht wundern.

Morgen muß ich bei einer Erschießung eines Mannes dabei sein, der in der Absicht, sich selbst zu verstümmeln, einen Gewehrschuß durch seine linke Hand schickte. Vater von drei Kindern! Eine ganze Kompanie muß sich dieses Schauspiel im offenen Viereck stehend ansehen. Ich weiß, daß die Wirkung eine ungeheure ist. Die Leute können eigentlich nur durch Dummheit zu diesem

7. 10. 42.

Meine liebe Amanita.

Nun kommen plötzlich noch zwei Briefe von Ihnen an, die bereits von zwei anderen überholt waren. Sie sind aber wirklich eine Fleissige! fast alle zwei Tage einen Brief. — Aber ich glaube, wenn Sie wüssten, wieviel Freude Ihre Briefe hervorrufen, Sie würden jeden Tag zwei schreiben. Also gut, dass Sie es nicht wissen.

Gestern waren 3 junge Mädchen der früher beschriebenen Varieté'gruppe bei uns zum Abendbrot eingeladen. Der Vater von zweien und der Mann der einen waren als Begleitschutz mit. Ich muss aber sagen! Wären das meine Töchter oder Frauen, ich würde ihnen besser das Hinterteil verhauen und

Entschluß kommen, auf sich selbst anzulegen, denn jedes bißchen Vernunft müßte sie doch schon davon abhalten.

Ich fahre immer noch wie ein Wilder in der Gegend herum und habe jetzt eine Schindelfabrik aufgemacht, da Dachpappe bei uns knapp ist. Ein großes Sägewerk, dessen Einzelteile aus dem ganzen Ostland zusammengeholt wurden, läuft gerade an. Meine ganzen Einheiten haben jetzt – wie der Führer in seiner Rede sagte – unmittelbar hinter der Front 5800 Morgen unter dem Pflug, und ich hoffe, im Herbst nächsten Jahres, den Bedarf an Heu, Hafer und Kartoffeln für 6000 Pferde und 15 000 Mann für sechs Monate decken zu können. Im Augenblick kaufe ich gerade Kühe, Schweine und Hühner an. Im übrigen bin ich die Vermittlungsstelle für russische Dienstmädchen nach Deutschland. Ich liefere die Ware nur dutzendweise. Will sich nicht Amanita nach Rußland liefern lassen? Ich könnte sie hier gut gebrauchen!

In den Briefen von Oertzen wirbeln die Gedanken über die Freundin und die Schilderungen des Frontalltags wild durcheinander. Wie allgemein in der Wehrmacht zu verzeichnen, äußert sich auch Oertzen abfällig über die Sowjetunion und seine Bewohner. Gleichwohl scheint er froh, jemanden gefunden zu haben, mit dem er sich austauschen kann. Am 24. Oktober schreibt der Offizier:

24.10.42

Meine liebe »Wander«-Amanita.

Was hat Sie da wieder für viele bestürmende Gedanken gehabt? Ich dachte, es ginge einem nur hier draußen an der Front so, daß man nicht weiß, was man müßte, könnte usw. Sind Sie in der Heimat auch in derartigen Situationen, dann hilft es eben nur, bis zur Lösung der Probleme sich eine Freundin »per Dauer« einzuladen und mit dieser über Gott und die Welt zu klönen. Ich wollte, ich könnte das gleiche hier mit einem Freund machen, aber die sind alle so weit ab, daß es nur alle 14 Tage möglich ist.

Nun sind wir doch nicht da gelandet, wo etwas los ist, sondern sitzen nach wie vor in unseren Sumpflöchern. Für die Männer ist das auch zweifellos besser, denn so bleiben sie in den liebgewonnenen eigenen Bunkern sitzen, während sonst das Übernachten auf freier Flur in dieser Kälte und Nässe wieder an der Tagesordnung gewesen wäre. Nur wenige, und darunter auch mich, hätte das Abenteuer gereizt. Soeben hat mein Bursche – wahrscheinlich, um den Kriegszustand besser zu unterstreichen – die ganze Petroleumfunzel über den Tisch ausgeschüttet. Briefe, Bücher, Akten – alles steht unter Petro. [...] Die beiliegenden Bilder sind nun nach dem Verlust des besagten Films das Einzige, was ich von der Manteler Zeit habe. Das war damals am 2. August, als wir uns das erste Mal sahen! »Sie« hält natürlich wieder große Vorträge, und die anderen müssen zuhören! Auf dem schönen Bild vom Manteler See sind die

Reste der vorhin beschriebenen Petroleum-Schlacht. Die Kinderbilder sind in Binz aufgenommen und zeigen die Vettern meines kleinen Patensohns, dessen freches Gesicht auf dem Einzelbild zu sehen ist.

4.11.42

Meine liebe Amanita!

Nun wird es doch Ernst mit meinem Weggang dorthin, wo »etwas los ist«. Da ich nicht weiß, wann ich wieder zum Schreiben komme und dazu noch gerade Ihr Brief aus Baden-Baden vor mir liegt, will ich mich jetzt mitten in der Nacht schnell noch »lösen«. Sie muß wissen: Briefe sind leider nur der Abglanz der Wirklichkeit. In ihnen soll die Unermeßlichkeit des Gefühls in Worte gefaßt werden. Welch ein Versuch! Nur Papier und Feder stehen zur Verfügung – kleine Dinge gegen den Reichtum der Stimme, des Blicks, der Geste oder des zugeneigten Lauschens eines Menschen –, sie reichen jedoch der rechten Empfindung aus, um sich verständlich zu machen, ein Sehnen zu stillen, über Meilen und Zonen ein Herz zu öffnen.

15.11.42

Meine liebe Amanita!

Nun sitze ich hier auf meinem alten Gefechtsstand in einem kleinen hübschen Bunker und wickele das Abrollen meiner Division ab. Ich muß hierbleiben, trotzdem nichts zu tun ist, weil mit meinem Weggehen niemand mehr da wäre, der unsere noch zurückbleibenden Einheiten vertreten und Eingriffe in ihren Abmarsch und besonders in ihre Habseligkeiten, die sie mitnehmen, verhindern könnte. Gestern habe ich mich schon bezahlt gemacht, als ich verhinderte, daß zwei unserer Bataillone aus dem Abtransport herausgeholt wurden, um einen Feindeinbruch beseitigen zu helfen. Im übrigen betrachte ich aber diese »Saure-Gurken-Zeit« als Erholungsurlaub und Vorbereitungszeit auf bewegte und anstrengende Ereignisse. [...] Schade, daß das Einrücken der deutschen Truppen in Südfrankreich ohne mich abgelaufen ist. Auch bei den Kämpfen in Afrika, an der Seite unserer stolzen italienischen Freunde, wäre ich gern dabei. Da ist wirkliches »Leben in der Bude«. Da kann jeder zeigen, ob er ein Kämpfer ist. Hier in Rußland zieht sich alles sehr viel länger hin und ist dadurch nicht so spannend, wenn es auch mehr Zähigkeit und moralische Kräfte voraussetzt.

6.12.42

Meine liebe Amanita.

Es ist im Augenblick für jeden normalen Menschen bestimmt nicht die richtige Zeit, einen Weihnachtsbrief zu schreiben, aber wir alle hier gehören schon lange nicht mehr zu den »Normalen«: Ich sitze in meinem Laden, jeden

Moment kommt irgendein Mensch herein und will Befehle haben, bringt Meldungen; das Telefon hört nicht auf zu klingeln. Ganz zusammenhängend werden daher meine Sätze und Gedanken nicht sein, aber da ich weiß, daß heute einmal wieder für die nächsten 14 Tage der letzte Tag ist, an dem ich überhaupt zum Schreiben kommen werde, wage ich es, die Feder anzusetzen. [...] Als ich neulich mit meinem Feldgendarmerie-Leutnant durch die Gegend fuhr, kam uns in einem völlig zerschossenen Dorf eine Frau entgegen, die um etwas zu essen bat. Häufig hatte dieses Dorf in den letzten Tagen seinen Besitzer gewechselt. Einmal waren wir, einmal die Iwans drin. Die Dorfbewohner waren zum größten Teil wohl tot oder geflüchtet. Wer weiß, was die Frau im Ort zurückgehalten hatte. Ihre ganzen Habseligkeiten hatte sie wohl schon gegen Nahrungsmittel eingetauscht. Wir gaben ihr Brot. In ihrer Dankbarkeit drängte sie mir das kleine goldene Kreuz auf, das Ihnen, liebe Amanita, der Weihnachtsmann überbringen soll; als ganz kleines Zeichen für das, was ich Ihnen alles schenken möchte. Vielleicht wiegt das kleine Ding mit anderen Gewichten gewogen auch sehr viel schwerer, als man meinen sollte. Auf wieviel Leid und Trübsal hat es in diesem gottlosen Lande wohl sehen müssen, wie viele Gebete, Bitten und Flehen anhören müssen und vielleicht auch Schmerzen gelindert. Ich habe es der Frau nicht nehmen wollen, aber sie drückte es mir in die Hand, weinte, flehte, als ich es zurückgeben wollte, versuchte, meine Hände und Füße zu küssen – und da habe ich es genommen oder besser, nehmen müssen. Nun soll es meine Weihnachtswünsche überbringen, und ich weiß, daß es dies gut kann.

14.12.42

Meine liebe Amanita.

Ich »wohne« augenblicklich in einem kleinen, aber sauberen Panjehaus unweit eines Bahnhofs, auf dem starker Betrieb ist. Daher besucht uns der alte Iwan häufig und lädt seine heulenden Eier ab. Daran gewöhnt man sich aber schnell, viel unangenehmer ist doch das immer wieder auftauchende Ungeziefer. [...] Wenn auch meine Panjegastgeber am Tag sehr freundlich sind, uns hin und wieder ein Glas Milch geben, uns Bratkartoffeln rösten, so sind die doch nachts – nur durch einen Vorhang getrennt – durch lautes Rumoren und alle möglichen und unmöglichen Laute für jemanden, der noch arbeitet oder versucht zu schlafen, störend. Dazu schlafe ich mit meinem ganzen engeren Stab in dieser Bude: zwei Ordonnanzoffiziere, drei Schreiber, zwei Kraftfahrer und ein Bursche, drei bis fünf Melder, die ständig wechseln, kommen dazu. Am Tag kommen im Durchschnitt 30 bis 60 Offiziere, die alles Mögliche wissen wollen. Daß die Wände das alles bergen können, ist ein Wunder.

Fortsetzung am 16.12.: Zum Schluß bin ich nicht gekommen. Ich mußte sofort starten, habe mich vorn an der vordersten Linie herumgetrieben. Es war so allerhand fest in die Hand zu nehmen; Munition mußte ran, Verwundete mußten im Großeinsatz abtransportiert werden usw. Man erlebt in einem Tag unter solchen Umständen so viel, daß man es gar nicht alles schreiben oder erzählen kann. Wenn man schon davon schreibt, dann in Buchform. [...] Ich komme mir in meiner Stabsstellung immer ganz kümmerlich vor, wenn ich so etwas sehe. Viel lieber würde ich da vorn mit der Waffe unter meinen Männern kämpfen, als hier hinten organisieren.

1.1.43

Meine liebe Amanita.

Heute am ersten Tage des neuen Jahres soll mein erster Gedanke, den ich in Ruhe fassen kann, Ihnen gelten. Ich habe zwar jetzt nach durchfeierter Silvesternacht, nach sorgenvollen Stunden der Versorgungsarbeit – es geht einmal wieder hoch her – meine Gedanken nicht ganz beieinander, aber wenn ich meinen Blick in die Heimat streifen lasse, klärt sich das Bild, und die Feder beginnt zu schreiben. [...] Um 24 Uhr hielt mein Ordonnanzoffizier – ein Rechtsanwalt – eine ernste, lange, fast sorgenvolle Rede. Ich höre mich nicht gern sprechen, aber da schien es mir doch an der Zeit, meine Meinung zu sagen und alle Anwesenden mit kurzen begeisterten Sätzen voll Vorwärtsdrang und frischer Hoffnung aufzustöbern und damit in die einzig richtige Stimmung zu versetzen. Der Erfolg war auch dementsprechend. Nicht die Rede des Alten, sondern die des Jungen hatte Erfolg. Ein Stein fiel von allen Herzen, und die Blicke richteten sich einmütig auf unser großes Ziel. [...] Vorwärts heißt die Parole des Jahres – und so wird's gelingen.

Doch an der Front sieht es anders aus: Dort geht es vor allem zurück. Oertzen berichtet, daß die Soldaten nur den Krieg im Sinn hätten und zum Lesen und anderen »zivilen« Dingen Zeit und Ruhe fehlten. Einziger Lichtblick: Ingrid bietet ihm das »Du« an. Auf dem Höhepunkt der Schlacht um Stalingrad schreibt Hans-Ulrich am 15.1.43:

Meine liebe Amanita.

Vielen herzlichen Dank für den reizenden »lesenden Amanita-Brief« ... und wie wild der alte Arabaddy mit der Peitsche geknallt hat, als ihn plötzlich ein Waldwesen mit »Du« ansprach. Das kann man sich gar nicht vorstellen, wenn man nicht dabeigewesen ist. Nun, nachdem sich der »Alte« so langsam beruhigt hatte – es war nicht Entrüstung ob der kecken Anrede, sondern eine riesengroße Freude der Erregungsgrund –, sagte er sich, daß ja gar nichts natürlicher ist, als eine vertraut sprechende Pilz-Madame. Wenn eine Pilzerin schon einmal spricht, so ist das zweifellos ein Wunder. Sie darf sich als Entschädigung dafür alles erlauben. Wie kann sich da ein alter Kutscher – wenn er auch nur ein bißchen

Grips hat – wundern? [...] Dieses »Du« wird ihm vieles leichter machen und noch vieles mehr – auch nur zwischen den Zeilen – sagen können als die bisher gewählte friderizianische Form des »Sie«.

25.1.43

Meine liebe Amanita.

Du fragst in Deinem Brief, ob ich nicht bald einmal wieder in die Heimat komme, um mit einer Amanita Probleme zu wälzen. Wenn es nach meinem Wunsche ginge, wäre ich schon längst da. Aber von Problemen will ich gar nichts wissen. Nur ganz still möchte ich mich neben sie setzen und gar nichts sagen. Zu lange wird aber diese Stunde noch auf sich warten lassen. Zuerst muß ich hier meinen Ia – den ersten Generalstabsoffizier – vertreten, dann besteht zur Zeit Urlaubssperre und zu guter Letzt komme ich wohl erst wieder im Herbst dran. Vielleicht gelingt auch ein kleiner Seitensprung aus dienstlichen Gründen. Ich will es hoffen! Über den Moment, in dem ich Deine Briefe öffne, brauchst Du Dir nie Sorgen zu machen: Die »tolle« Amanita wird immer verstanden werden. Lege ich doch meine Amanita-Brief-Lesestunde immer auf einen ruhigen Teil des Tages – meist in die Nacht – an dem ich besinnliche Ruhe und mich wirklich von Herzen freuen kann. Spannt einen doch der tägliche, dienstliche Ablauf des Tages so ein, daß kein »vernünftiges Eigen- und Innenleben« zustande kommen kann. [...] Ich schmökere wild im »Caesar« und versuche auf diese Art, die Gehirnschwächen des vierten Kriegsjahres etwas zu bekämpfen.

Der folgende Brief ist typisch für Hans-Ulrich von Oertzen in jener Zeit. Meistens berichtet er seiner Freundin über den Militärdienst, geht aber wenig auf ihre Schilderungen von ihrem Alltag ein. Ingrid reagiert darauf mit Unmut und spricht von kleinen Nußschalen, die ihre Briefe lediglich seien und die es daher schwer hätten, zu ihm vorzudringen. Oertzen entschuldigt sich damit, daß das Kriegshandwerk der Seele eine Schranke gesetzt habe und daß er häufig erst dann zum Schreiben komme, wenn er nach einem langen Tag abgespannt sei. Wie sehr das Kriegshandwerk der Seele Schranken setzt und wie sehr die Umstände und das Vorrücken der sowjetischen Armee Oertzen zu schaffen machen, zeigt er in einer Nachricht, die er vier Tage nach dem folgenden Brief schreibt:

3.2.43

Liebe dufte Forst-Amanita!

Im Wald muß sie herumlaufen, mit dem Hackebeilchen? Und frieren dazu? Es ist schon ein Jammer. Wir denken hier immer fast, wir wären die einzigen, die frören. [...] Aber immer noch besser frieren und im Walde herumlaufen, als von den neuen Bestimmungen aus dem seligen Nichts herausgerissen werden und im

Sinne des totalen Krieges eingesetzt zu werden. Diese Bestimmung war schon lange einmal nötig, denn wie viele Menschen hatten immer noch Zeit, ganze Vormittage lang nach Kino-Karten anzustehen. Auch die achttägige Volkstrauer nach dem Fall von Stalingrad wird viel Unbekümmerte etwas aufgekäschert haben! Es ahnt ja auch wirklich keiner, wie wild hier draußen gespielt wird. In Wort und Bild läßt es sich nicht schildern. Allein schon deswegen, weil die, die das Schlimmste erlebten, darüber nicht mehr berichten können.

Und nun zur Brücke! Wie konnte ich nur ahnen, daß Dir Deine Briefe wie Nußschalen vorkamen, die den breiten Fluß zwischen dem Erlebten an der Front einer- und der Heimat andererseits kaum überschreiten könnten. Daran habe ich nie gedacht. Die Geschichte mit der Brücke blieb mir daher bis heute unerklärlich. Nun habe ich die Klärung. Und ich kann Dir versichern von ganzem Herzen: Nie habe ich diese Brücke zwischen den beiden Ufern so dankbar empfunden, als durch Deine Briefe vermittelt. Es sind wirklich keine Nußschalen, die bei mir ankommen. Nein – es ergießt sich mit jedem Brief ein solcher Strom des Glücks über mich, wie er nur über eine zeitweilig gesperrte Brücken fließen kann. Glaube nicht, daß ich übertreibe. Dazu sind wir alle hier draußen zu nüchtern geworden.

7.2.43

Meine liebe Amanita.

Heute stürmt es draußen so, daß alle Wege verweht sind. Meine Straßenräumdienste, Kriegsgefangene und Landesbevölkerung, kämpfen verzweifelt gegen den Sturm, um unsere Versorgungswege freizumachen. Im letzten Jahr war es die Kälte, in diesem Jahr macht uns der Wind zu schaffen Dazu noch dieses verdammte Russenpack, das inzwischen viel zu viel von uns gelernt hat, uns versucht, mit unseren eigenen Mitteln und Waffen zu schlagen. Dieser Winter hat es einmal wieder in sich, und man wird nach seinem Abschluß darüber streiten können, ob dieser oder der letzte schwerer, verlustreicher, erbarmungsloser oder entscheidender gewesen ist.

Für Deinen letzten lieben Brief mit dem vielen Briefpapier hab vielen herzlichen Dank. Die kleinen Zeichnungen brachten jede für sich eine besondere Freude. Ich habe mich darum zu einigen »Beilagen« aufgeschwungen, damit Du mich nicht völlig in den Schatten stellst: einen Brief eines estnischen Bauern, der bei uns mit 700 Esten zusammen überlief, und den ich mit seinen Kameraden zusammen in unsere Partisanenjagd-Kommandos, Trosse und auch in die kämpfende Truppe gesteckt habe; dazu ein Gedicht, das uns allen aus dem Herzen spricht und die schauderhaften »Soldatenlieder« anprangert.

Bei der Heeresgruppe Mitte

Anfang Februar 1943 wird Oertzen als 1d (Ausbildungsoffizier) in den Stab der Heeresgruppe Mitte versetzt. Obwohl er sich einerseits darüber freut, verläßt er seine bisherige Einheit nur ungern. Er befürchtet, daß es in dem höheren Stab, einhundert Kilometer hinter der Front, wieder »zu ruhig« für ihn wird. Zudem hat er Probleme, sich in der neuen Umgebung zurechtzufinden. Sein Vorgesetzter ist Oberst Henning von Tresckow. Oertzen schreibt an Ingrid:

9.2.43

Meine liebe Amanita.

Zwei Dinge habe ich heute erfahren und sie mit einem lachenden und einem weinenden Auge aufgenommen. Erstens bin ich als 5. Generalstabsoffizier in den Stab der Heeresgruppe Mitte (Generalfeldmarschall von Kluge) versetzt worden – eine ehrenvolle und aussichtsreiche Stellung. Zweitens bin ich wieder einmal einige Monate vorpatentiert und damit einer Beförderung nähergekommen. Beides gut für das lachende Auge. Und das weinende meint: Nun bist Du wieder weit weg von der Truppe bei einem hohen Stab und dazu noch dort ein ganz kleiner Mann, während Du bisher ein König warst; und siehst Du, nun bist Du schon wieder älter geworden und damit zum Staatsdienst geeigneter. Deine »Jugend« geht eben dahin wie Butter unter der Sonne.

16.2.43

Meine liebe Amanita.

Ganz habe ich den Versetzungsschmerz noch nicht überwunden. Fing ich doch gerade erst an, die Zügel etwas loser zu lassen, die ich vorher fest anspannen mußte. Zu spät sieht man meist, wie viele nette Menschen um einen herumgewesen sind und wie viele Kameraden man beim Abschied verlieren wird. Als alter Mecklenburger Ochsenkopf werde ich bekanntlich nicht so schnell mit meinen Mitbürgern warm, wenn ich es aber einmal werde, dann »echt«. Und so weit war es gerade gekommen. Nun heißt es also wieder neu anfangen.

27.2.43

Meine liebe Amanita!

Heute kamen Deine beiden lieben Briefe zu meinem Geburtstag. Ich habe den Geburtstag ohnehin im Geiste etwas vorverlegt, da infolge meiner neuen Verwendung und der damit verbundenen Arbeitsstauung eine Geburtstagsfeier am 6. doch nicht möglich sein wird. Trotzdem will ich aber am 6. mein Herz ganz aufschließen, damit von Deinen Wünschen und Grüßen kein einziger verlorengeht. Morgen soll also nun die Reise zum »Klugen Hans« losgehen, bei dem – ich bewundere Dein Gedächtnis für militärische Dinge – Oberst von Tresckow Ia ist. Er ist mein unmittelbarer Vorgesetzter. Was ich im einzelnen zu tun haben werde, weiß ich selber noch nicht. Aber Deine Anfrage hierüber soll genau beantwortet werden. Dein militärischer Bildungsdrang soll reiche Nahrung finden. Es wäre doch gelacht, wenn ich nicht das von Dir in so nebelhafter Ferne gesehene »andere« Ufer entschleiern könnte! Fahre nur immer munter Deine Nußschälchen herüber. Alle werden mit offenen Armen von mir aufgenommen. [...] Gerade wenn Du schreibst, fühle ich mich glücklich und werde mein Bestes tun, um Dich zu trösten. Denn, glaub' mir, liebe Amanita, wenn jemand krisenfest gemacht wird und lernt, Schicksalsschläge zu ertragen, dann sind wir es hier. Ich glaube eher, daß wir Euch in der Heimat nicht allzusehr seelisch belasten dürfen, denn Ihr seid als Einzelindividuen mit Euren Gedanken allein, während wir hier eine verschworene Gedanken- und Schicksalsgemeinschaft bilden, die wirklich nichts mehr erschüttern kann.

1.3.43

Meine liebe Amanita.

Nun bin ich den ersten Tag beim Oberst von Tresckow. Viel Schreibtischarbeit wird es geben, besonders nachts. Aber interessant ist es schon: Ich bearbeite zum Beispiel die Gesamtlage an der Ostfront. Der Stab besteht aus vielen sehr netten Leuten. Die erste Nacht schlief ich im Sonderzug des Oberbefehlshabers. Wie im Frieden!

3.3.43

Meine liebe Amanita!

Die ersten Hörner habe ich mir nun schon im neuen Amt und Würden abgestoßen, und die ersten Schrecken sind um. Ich nehme bereits die Allüren eines großen Stabes an – dazu gehört auch, daß der »Alabaster«-Leib richtig gewaschen ist –, ich stolziere schwer beschäftigt in der Gegend herum, und mein Gesicht beginnt durch die durchgeistigte Blässe der steten Nachtarbeit interessant zu wirken. Das Auge erhält den stechenden Fridericus-Blick, und der Rücken krümmt sich in verhaltenem Zorn. Von Dir muß ich natürlich nun auch erwarten, daß Du den ländlichen Ton eines bäuerlichen Forst-Eleven in die zartbesaiteten Sphärentöne eines sittlichen Burgfräuleins verwandelst.

6.3.43

Meine liebe gute Amanita.

Mein Eingewöhnen in die hiesigen neuen Verhältnisse hat inzwischen erfreuliche Fortschritte gemacht. Heute an meinem Geburtstag haben wir bereits im kleinen Kreise der Führungsabteilung beim Kaffee Sekt getrunken. Die Seele der ganzen Abteilung Ia ist mein unmittelbarer Vorgesetzter Oberst von Tresckow. Ich weiß nicht, ob Du ihn kennst? Er ist nicht nur der Typ eines Generalstabsoffiziers, sondern darüber hinaus noch ein Kavalier der alten Schule und ein ganz besonders liebenswerter Kamerad. Ich bin sehr froh, bei ihm gelandet zu sein, denn ich lerne hier nicht nur sehr viel und sehe auf Grund meiner Stellung in alle Zusammenhänge und Ereignisse des Ostkriegsschauplatzes hinein, sondern er macht einem die schwere Arbeit und das häufig saure Brot leichter und erträglicher, weil er so ein anständiger Kerl ist. Ich würde mich sehr interessieren, was Du von ihm weißt.

Henning von Tresckow

Oertzens Vorgesetzter, Henning von Tresckow, stammt wie Ingrid von Langenn-Steinkeller aus der Neumark, seine Familie besitzt ein Gut in Wartenberg nicht weit von Bellin, wo Ingrids Vater einen land- und forstwirtschaftlichen Betrieb unterhält. Die Familien kennen sich. Tresckow, den die Gestapo später als »Treiber und bösen Geist des Putschistenkreises« bezeichnet, hat einen langen Weg vom glühenden Verehrer des Nationalsozialismus zum Gegner Hitlers zurückgelegt: 1926 tritt er in die Reichswehr ein. Sie gilt als Elitetruppe und ist als Grundstock für eine viel größere Armee gedacht, sobald die Rüstungsbeschränkungen des Versailler Vertrages aufgehoben wären. Die Offiziere dieses Heeres sind nach strengen Kriterien ausgesucht worden und bilden eine enge Gemeinschaft. Ende der zwanziger, Anfang der dreißiger Jahre beginnen die meisten jungen Offiziere, die monarchistische Gesinnung der älteren abzulehnen. Sie fasziniert der aufsteigende Nationalsozialismus, vor allem Hitlers Idee der Volksgemeinschaft, die von ihm propagierte Wehrfreudigkeit, seine nationale Gesinnung. So denkt auch Tresckow.

Nach dem Kriegsbeginn 1939 beginnen nach Ansicht der Historiker erste Zweifel, als er von den Gewaltverbrechen der SS in Polen erfährt. Mit dem Überfall auf die Sowjetunion 1941 und dem berüchtigten Kommissar-Befehl Hitlers, der die ausnahmslose Liquidierung gefangener Polit-Offiziere vorsieht, sowie dem Kriegsgerichtsbarkeitserlaß »Barbarossa« – ein »Freibrief« für die rücksichtslose Verfolgung von Partisanen und anderen »Verdächtigen« – wächst seine Ablehnung gegen diese Art der Kriegsführung, ohne daß er in dieser Phase offen dagegen opponiert. Doch wie bei anderen Militärs auch, verbindet sich bei dem gläubigen Christen Tresckow die moralische Empörung über das Erlebte mit der zunehmenden Sorge um die Existenz des deutschen Nationalstaates zum entscheidenden Impuls für den Widerstand. Er wird mit den ersten militärischen Niederlagen stärker, besonders nach der verlorenen Winterschlacht 1941/42 vor Moskau.

Tresckow nimmt Kontakt zu anderen unzufriedenen Offizieren auf, die in losen Gruppen und aus unterschiedlichen Motiven mit dem Gedanken eines Staatsstreichs spielen.

Es kommt zu Treffen und ersten Vorbereitungen. General Friedrich Olbricht, Chef des Allgemeinen Heeresamtes, erklärt sich bereit, die Einsatzpläne des Ersatzheeres – die sogenannten Walküre-Pläne – umzuschreiben, so daß dieses entsprechend eingesetzt werden kann. Die Initialzündung für einen Staatsstreich, die auch Hitlers Beseitigung einschließen könnte, so fordert Olbricht, müsse aber vom Feldheer ausgehen. Damit kommt Tresckow eine Schlüsselposition zu, denn nur sein Kreis ist entschlossen, die Tat auszuführen.

Tresckow beginnt, im Stab der Heeresgruppe Mitte zuverlässige Offiziere zu versammeln, die er mit unbewußter Hilfe eines guten Bekannten aus Reichswehrzeiten, des Chefadjutanten der Wehrmacht bei Hitler und Chef des Heerespersonalamtes, Oberst Rudolf Schmundt, versetzten läßt. Zuerst kommt sein Vetter Fabian von Schlabrendorff als persönlicher Ordonnanzoffizier, dann folgen Rudolf Christoph Freiherr von Gersdorff als Ic (Feindnachrichten/Aufklärung), Heinrich Graf von Lehndorff und Carl Hans Graf von Hardenberg als Ordonnanzoffiziere des Oberbefehlshabers der Heeresgruppe, Generalfeldmarschall Fedor von Bock, sowie Berndt von Kleist als 4. Ordonnanzoffizier des Stabes.

Nach der Niederlage in Stalingrad Anfang 1943 sehen sich die Hitler-Gegner zum Handeln gezwungen. Die Absprachen für einen Staatsstreich werden konkreter, die Militäropposition geht daran, sich stärker zu verknüpfen. Bei erneuten konspirativen Treffen verständigen sich die Teilnehmer darauf, die Verbände des Ersatzheeres zielgenauer für die praktische Durchführung eines Umsturzversuches einzuplanen. Vor allem geht es darum, die Alarmierung der Einheiten im Raum um Berlin so zu organisieren, daß diese von den verschiedenen Orten aus gleichzeitig auf die Reichshauptstadt in Marsch gesetzt werden können.

In dieser Phase tritt Hans-Ulrich von Oertzen am 1. März 1943 seinen Dienst bei Tresckow an. Der hat es inzwischen verstanden, behutsam weitere junge Stabsoffiziere und führende Offiziere für eine zunehmend ablehnende Haltung zum Krieg und zur Staatsführung zu gewinnen, beispielsweise den Ordonnanzoffizier des neuen Oberbefehlshabers der Heeresgruppe Mitte, Generalfeldmarschall Günther von Kluge, Oberleutnant Philipp Freiherr von Boeselager, sowie dessen Bruder, Rittmeister Georg von Boeselager, der eine Kavalleriebrigade in der Heeresgruppe Mitte aufbaut; schließlich seinen Bekannten Hans-Alexander von Voß, der 1. Generalstabsoffizier (Ia) im Stab wird. Tresckow schafft es, Hitler am 13. März zu einem Truppenbesuch bei der Heeresgruppe zu bewegen. Mehrere Offiziere sind bereit, ihn bei dieser Gelegenheit zu erschießen. Unter diesen Offizieren soll sich auch Oertzen befunden haben, wie sich Philipp Freiherr von Boeselager erinnert. Dies schreiben auch der Historiker Peter Hoffmann in seiner Biographie über Claus Schenk Graf von Stauffenberg sowie Klaus Achmann und Hartmut Bühl in einem Buch über den 20. Juli. An Oertzens Teilnahme erinnert sich auch Hauptmann Albrecht Eggert, wie der Widerstandsforscher Gerhard Ringshausen in einem Aufsatz über Voß in einer Fußnote anmerkt. Eggert, der ebenfalls im Generalstab arbeitet, habe später erzählt, Oertzen hätte ihn über den Attentatsplan informiert und zu gewinnen versucht.

Allerdings ist zu bedenken, daß Oertzen am 13. März erst wenige Tage in der Heeresgruppe war und Tresckow noch gar nicht so gut kannte, um sich zu einem Attentat auf den »Führer« überreden zu lassen. Gleichwohl dürfte Oertzen von dem Vorhaben etwas mitbekommen haben und, wie spätere Briefe vermuten lassen, von der Entschlossenheit der Stabsoffiziere und vor allem von Tresckows Intelligenz und Überzeugungskraft beeindruckt gewesen sein.

Generalfeldmarschall Kluge lehnt ein Attentat bei Hitlers Truppenbesuch jedoch ab. Trotzdem schmuggelt Schlabrendorff einen von Gersdorff organisierten und von Tresckow übergebenen Sprengsatz vor dem Rückflug in Hitlers Flugzeug, aber die Zünder versagen. Darüber ist in den Briefen Oertzens nichts zu lesen. Allerdings werden sie nach diesen Attentatsplänen und Anschlagsversuchen auffallend nachdenklich. Der junge Offizier scheint zu zweifeln, wie er sich verhalten soll.

14.3.43

Meine liebe Amanita.

Heute war ich beim Oberbefehlshaber zum Essen eingeladen. So ein prächtig bereitetes Mittag habe ich seit Paris nicht mehr gegessen: Spargelsuppe, daß der Löffel drin stand, Kalbsfilet mit allem möglichen Gemüse, darunter Blumenkohl, und obendrauf eine Birne »Melba« mit Schokoladensauce. Was sagst Du nun? Gibt es aber auch nicht alle Tage. Ich finde es auch ganz gerecht, daß diejenigen, die ihre persönliche Freiheit, ihren eigenen Willen verkaufen, hin und wieder einige Vorteile denen gegenüber haben, die stolz wie die Spanier vor ihren Truppen schreiten. Es ist schon ein großer Verzicht hier im Stab als kleines Rädchen im Uhrwerk zu sitzen, und man muß schon ganz gut gefügt sein, um nicht innerlich aus den Leisten zu gehen. [...] Nun kommt gerade noch Dein Brief vom 11.3. Du willst zum Roten Kreuz? Will die kleine Amanita ihre winzige Nase in die große, böse Welt stecken? Und ich Armer soll Dir nun einen Rat geben? Ja – ich verstehe nur allzu gut, daß Du einmal aus dem Haus herauswillst. Ich habe, wie Du siehst, Deine Briefe wohl studiert. So sehr ich auf der einen Seite dann in Sorge sein würde, wenn die Nita nicht mehr auf ihrer Insel sitzt, so sehr verstehe ich auf der anderen Seite ihren Drang nach Entdeckungsreisen. Aber die Welt ist nicht so schön und der Dienst einer Schwester nicht so ideal, wie man sich das so denkt. Daher hebe ich vorher warnend meinen ungewaschenen Zeigefinger und frage: »Willst Du oder mußt Du?« Wenn die »Arbeitserfassung« will, ist es nicht zu ändern, wenn es aber in Deinem eigenen Entschluß steht, überlege es wohl! Der Dienst ist bitter hart, die Menschen jetzt im vierten Kriegsjahr roh und schamlos. [...] Und glaube nicht, daß man Dich nach Belieben wieder fortläßt: mitgefangen – mitgehangen. Wäre es nur für ein Jahr, würde ich Dir voll zuraten, da das Kriegsende aber nicht abzusehen ist, überlege es Dir wohl. Ich sehe meine Amanita lieber auf dem Lande etwas unglücklich und tiefsinnig, einsam und abenteuerlustig, als in dieser schicksalsschweren Zeit allein in der großen Welt, den Gefahren des Krieges mit seinen unglückseligen Zufällen, dem Zeitraffertempo mit seinem unnachgiebigen Zwang ausgesetzt.

21.3.43

Meine liebe Amanita.

Nun hoffte ich heute am Sonntag, Dir einen längeren Brief in Ruhe schreiben zu können – aber weit gefehlt. Der schöne Tag verlief wie alle anderen – vollgestopft mit Papierkrieg, Kampf bis spät in die Nacht. Da es aus diesem Dreh gar keinen Ausweg gibt, muß man versuchen, sich daran zu gewöhnen. Es ist schon viel Wahres daran, wenn der alte Moltke davon spricht, daß nur dem die volle Befriedigung im Dienst zuteil wird, der lebt im Gefühl freudig erfüllter Pflicht. Das Geheimnis liegt danach darin, seine Pflicht, wenn sie auch noch so schwer ist, freudig zu erfüllen. Das stellt zwar einige Anforderungen an die Selbstbeherrschung und verlangt eine Portion Autosuggestion, aber der Erfolg gibt Recht. Man soll sich nur nicht unmutig festziehen, das kleinste Hindernis erscheint einem dann als Sperre, während man es frisch und freudig im Sprung genommen hätte. [...] Meine zentrale Lage setzt mich jetzt instand, in der ganzen Gegend herumzutelefonieren und viele alte Freunde und Bekannte seit langer Zeit wieder einmal zu sprechen. Da wird einem eigentlich erst so recht bewußt, was in viereinhalb Kriegsjahren so alles geschehen kann. In Rußland vergeht die Zeit wie im Fluge, und nur durch die vielen Erlebnisse der anderen tritt einem die verstrichene Zeit als großer Abschnitt vor die Augen. Wenn auch hier das Kriegsbild täglich wechselt, so fehlen einem doch infolge markanter Festpunkte alle Zeitbegriffe. Die einzigen Festpunkte sind eigentlich die Urlaubstage, alles andere erscheint einem hier in immer eintönigerem grauen Licht. Der Grund dafür ist bei mir wohl auch die untergeordnete Stabstätigkeit, der der Auftrieb eigener Schöpfung fehlt. [...] Ja manchmal frage ich mich hier, warum hast du eigentlich die Generalstabsausbildung abgeschlossen, das brauchst du doch hier alles nicht. Hier genügt doch nur geistige Ausdauer und etwas klarer Menschenverstand.

Bald beschäftigt Oertzen, der zum Major ernannt wurde, wieder der militärische Alltag. Sein Ehrgeiz flammt durch eine Übung erneut auf. Doch spürbar sucht der 28jährige immer stärker nach dem Sinn seines Handelns.

8.4.43

Meine liebe Amanita.

Ich bin ganz oben auf. Vor vier Tagen war ich bei der Stabsübung einer Division als Divisionskommandeur (General) eingeteilt. Zwei Tage lang führte ich die mir aus Stäben dargestellte Division und sprang mit den Herren Regimentskommandeuren (Obersten) nach Belieben um. Da ich mit schlafwandlerischer Sicherheit die richtigen Entschlüsse faßte und auch sonst alles prächtig lief, bekam ich am Schluß viel Anerkennendes zu hören. Gestern in der Übungsbesprechung wurde ich noch einmal vor allen Teilnehmern öffentlich gelobt und alle meine Entschlüsse für richtig befunden. Da meine große Hoffnung ist, Ia (1. Generalstabsoffizier) einer Panzerdivision zu werden, dürfte dies ein guter Auftakt gewesen sein.

12.4.43

Meine liebe Amanita.

Nun fängt es auch bei uns langsam an, wärmer zu werden. Heute schien die Sonne so schön, daß ich mich lang auf eine Bank legen konnte. Wie gut es wieder einmal tut, sich der Sonne zu zeigen, spüre ich noch jetzt in den alten morschen Knochen. Und es soll noch besser kommen: Ich habe mir gestern bei einem in unserer Nähe befindlichen Kavallerie-Regiment eine entzückende kleine Vollblutstute ausgesucht, die morgen in unseren Stall kommt. Dann will ich jeden Morgen reiten, um endlich einmal wieder den Gesichtsanstrich des Bürohockers zu verlieren. Ich freue mich – wie Du Dir denken kannst – schon sehr darauf. Ich mag dabei gar nicht daran denken, wo meine schönen Pferde aus der Vorkriegszeit alle abgeblieben sind und was geworden wäre, wenn der Krieg nicht dazwischen gekommen wäre. Zutreffend ist Dein Vergleich zwischen Aprilwetter und den Stimmungen eines Kindes. Du siehst Dir die Kinder in Deinem Haus sicher sehr genau an. Ich beneide Dich sehr darum. Mit Kindern zu spielen, war immer mein ganz besonderer Spaß. Deine beiden Hefte »Volk und Welt« sind wohlbehalten eingetroffen. Ich entsinne mich noch, wie ich sie früher wie jede andere Zeitschrift gelesen habe, und ich muß gestehen, es ist nun anders geworden. Allein die vorzüglichen Fotografien, die man schon lange nicht mehr gesehen hat, bringen einem ganze Freude. [...] Und dann schreibst Du von einem Osterhasen. Glaub mir, ich habe gar nicht daran gedacht, daß Ostern so nah vor der Tür steht. Gott, was würde ich darum geben, wenn ich am Ostersonntag mit Dir eine halbe Stunde auf einer Wiese sitzen könnte. Ich werde es aber, da es nun einmal nicht sein soll, in Gedanken genauestens durchdenken. Mach Dich also auf leichtes Ohrensausen gefaßt.

Deine Mohammedaner-Episode in der Kirche finde ich ganz köstlich. Ich wurde im Familienkreise in einer Berliner Etagenwohnung konfirmiert und blieb – auf einem Kissen kniend – im Glaubensbekenntnis andauernd stecken, trotzdem ich es »bestens« gelernt hatte. Das gehört wohl so dazu?

20.4.43

Meine liebe Amanita.

Nun ist heute ja Grund genug, wieder einmal in dieser Nervenmühle sich seiner selbst zu besinnen und einen Moment Abstand von den täglichen Dingen zu nehmen. Major geworden und in den Generalstab versetzt. Ich muß schon sagen, daß dies mein erstrebenswertes Ziel in der Friedenszeit und den ganzen Krieg über war. Nun, wo ich es erreicht habe, sieht es ganz anders aus. Nun stehe ich an einem Punkt, der mich auf ein interessantes und arbeitsreiches Soldatenleben zurückblicken läßt. Genau zehn Jahre sind seit meinem Eintritt in das Heer verflossen. [...] Nun liegt eine weite, nebelhafte Zukunft vor mir. Kein leuchtendes Ziel ist mehr in der Ferne. Es gibt nur noch, seine Pflicht an jedem Platz zu erfüllen und sich ganz für die Sache einzusetzen.

1.5.43

Meine liebe Amanita.

Heute am 1. Mai ist mir weder nach »Arbeit« noch nach »Frühling«. Draußen ist es wieder einmal unfreundlich kalt, und der schon erwachende Frühling ist wieder eingeschlafen. Dazu hab ich noch Deine letzten »Eier« mit Hilfe meines Ordonnanzoffiziers und meiner beiden Schreiber aufgefressen, und »leere Nester sehen uns an«. An die roten Hosen [Generalstabsoffiziere trugen rote Streifen an der Hose, LBK] habe ich mich auch gewöhnt, während sie mir zuerst doch etwas fremd, ungewohnt und fassadenartig vorkamen. Auch in den »Major« konnte ich mich noch gar nicht hineinfühlen, denn als ich eintrat im Jahre 33, waren Stabsoffiziere doch immerhin würdige Familienväter, und zur Zeit unserer Eltern gab es schon Majore, die Großväter waren. Bei mir sind im Gegensatz hierzu gar keine derartigen Ansätze vorhanden, geschweige denn, daß von mir irgendein Schein der Würde ausstrahlte. Deine Konfirmationsreise finde ich köstlich. Die völlig »gläubige« Verwandtschaft hat etwas Rührendes. Wenn wir das auch noch so könnten, wären wir um vieles glücklicher! Als ich hier am Sonntag die Predigt unseres Pfarrers hörte, der ganz ausgezeichnet sprach, war es mir doch wieder einmal bange um jeden Glauben, der nur – wie bei uns in der evangelischen Kirche – mit dem Wort und Verstand eingetrichtert wird, statt sich – wie in der katholischen und den meisten »heidnischen« Religionen – an das Gemüt, die Seele, das Herz zu wenden. Mit dem kalten Verstand ist es nun einmal nicht mehr zu schaffen.

8.5.43

Meine liebe Amanita

Ich weiß, daß ich ein sehr schlechter Briefschreiber bin. Von allen Seiten, von Tanten, Bekannten, Freunden erhalte ich laufend eindringliche Mahnungen. Selbst meine Mutter hat mich regelmäßig zu neuen Episteln auffordern müssen. Aber Du bist anscheinend mit mir ganz zufrieden? [...] Mein Pferd habe ich gewechselt. Die Vollblüterin hatte ein altes Hüftleiden, das sie immer schonungsbedürftig bleiben ließ. Darum kam die neue »Walküre«: eine wirklich prächtige große Trakehner-Fuchsstute. Sie beißt, schlägt und steigt, da man sie bisher falsch behandelt hat, aber ich habe mich bereits mit ihr geeinigt, und wir verstehen uns ausgezeichnet.

Um meiner Tante in Potsdam die Wohnung zu erhalten – man will sie ihr als alleinstehende Frau mit Bombenflüchtlingen vollstopfen – ziehe ich jetzt auf dem Papier nach Preußen um. Meine Kisten bleiben leider in Wien stehen. Den Motten zum Fraß, da sich niemand darum kümmert.

Oertzen ist inzwischen zu einem der engsten Vertrauten Tresckows geworden und der vierzehn Jahre ältere Vorgesetzte so etwas wie eine Vaterfigur. »Er hat Oertzen ganz nahe an sich herangezogen«, notiert Fabian von Schlabrendorff. Beide gleichen sich in gewisser Weise in ihrer Auffassung vom Soldatentum. Und sie besitzen ein besonderes Charisma. Eine Rolle spielt die indirekte Bekanntschaft mit der Familie von Oertzens Freundin. Auch deshalb kümmert er sich besonders um den jungen Offizier. Der ist im Stab beliebt. Mitstreiter wie Philipp Freiherr von Boeselager schätzen Oertzens organisatorischen Fähigkeiten, seine Hilfsbereitschaft und sein Improvisationsvermögen, aber auch seine Lebhaftigkeit und Eleganz. Mitunter erscheint er jedoch übertrieben ehrgeizig.

Ingrid mag dagegen andere Qualitäten an Hans-Ulrich: seine leuchtenden, das Gesicht ganz beherrschenden Augen. Ihr gefällt, daß er lebensfroh, selbstbewußt und trotz seiner jungen Jahre eine Persönlichkeit ist, aber auch Schwächen zugibt, daß er sich ernsthaft Gedanken um sie macht, aber auch kindlich albern sein kann. Ingrid kennt auch seinen weichen Kern, den er gegenüber Fremden versteckt.

Beide ergänzen sich. Er denkt nüchtern als Soldat, sie äußert Gedanken, die ihm fremd sind, die er aber als Bereicherung empfindet und ihn zum Nachdenken anregen. Im Mai 1943 erhält Oertzen endlich wieder Urlaub, es sind fünf Tage, in denen er sich auf einem Tennisplatz mit Ingrid verlobt – heimlich, denn ihr Vater, Franz Helmut von Langenn-Steinkeller, ist über die Beziehung in Kriegszeiten nicht begeistert. Hans-Ulrich hat die Tage genossen und schreibt schwärmend an seine Verlobte:

23.5.43

Mein über alles Geliebtes.

Nun ist mein schönster Urlaub vorbei. Es war wirklich der Schönste, trotz des großen Auf und Ab. Wir wissen nun beide, was wir wollen, und wir wollen mit jeder Faser unseres Herzens daran festhalten. Sei Deinem Vater eine gute Tochter. Das ist das Gebot der Stunde. Vertraue auf unser Glück, und es wird sich alles zum Besten wenden. Geduld und Vertrauen sind unsere Engel. Sorge Dich nicht um mich, denn ich bin von uns Dreien noch der Stärkste!!

25.5.43

Meine Prinzessin!

Nach planmäßigem Rückflug sitze ich nun wieder auf meinem alten Aktenschemel und schmiede Blech. [...] Alle behaupten, ich sehe maßlos erholt aus, und ich fühle mich auch so frisch wie seit langem nicht mehr. Daran ist nun einmal eine Prinzessin mit ihrem Schloß schuld. Sie weiß es ja selbst und soll nicht leugnen. [...] Einen Vorwurf habe ich mir gemacht. Wie kam ich nur dazu, auf den Vorschlag Deines Vaters einzugehen und dadurch seine endgültige Entscheidung »auf weiteres« herauszuschieben. War ich mir doch von vornherein darüber im Klaren, daß es für mich kein Zurück von diesem einmaligen Lebensentschluß gibt. Nur die Autorität des väterlichen Alters und die erlernte Disziplin, Vorschläge anzuhören und zu beherzigen, haben mich veranlaßt, auf das »Warten« einzugehen. Dazu kommt noch, daß ich Deinem Vater ja auch nicht gleich in die Parade fahren konnte. [...] Ich will nicht sagen, daß es unmöglich ist, sich Deinem Vater zu nähern. Weißt Du, ich habe das Gefühl, daß an ihm so viel gutzumachen ist und daß es eine rechte Freude sein muß, ihn aus seinen Gedanken herauszureißen und ihn wieder vertrauensvoll in die Zukunft sehen zu lassen. Ich sagte Dir ja schon, daß es sich nicht allein darum handelt, aus uns beiden eins zu machen, sondern wir müssen Deinen Vater ganz einbeziehen. Ich traue mir für diese Aufgabe genügend vitale Kraft zu, um durch Einfühlungsvermögen, Frische und Glauben in vielen Dingen bei Euch wieder klare Verhältnisse zu schaffen. Ist doch das Gleichgewicht Deines Vaters zur Zeit im wesentlichen bedingt von den laufenden Einflüssen des Krieges, besonders aber von den Folgen der seelischen Belastung der Krankheit und des Todes Deiner Mutter.

Offenbar gibt es auch Befürchtungen, daß Ingrid einmal an der gleichen Krankheit leiden könnte, was sich aber als völlig übertrieben und unbegründet herausstellt. Die Angst hat einen triftigen Grund. Das NS-Regime betrachtet Menschen mit Erbkrankheiten als »lebensunwertes Leben«, das zu »vernichten« sei. Dies schloß nach offizieller Lesart neben erblich bedingten körperlichen und seelischen Behinderungen auch schwer Kriegsversehrte ein. Der Münsteraner Bischof Clemens August Graf von Galen hatte dies bereits im Sommer 1941 scharf kritisiert. Vermutlich griff Galen dabei Gespräche besorgter Frontsoldaten auf, die es überall gegeben hat. Oertzen äußert sich erstaunlich offen darüber, was er von der nationalsozialistischen »Vererbungslehre« hält. Er nennt sie »unselig«, da sie »schon wesentlich mehr Schaden angerichtet hat als Nutzen. Sie malt den Teufel an die Wand, ohne einem handgreifliche Erklärungen zu geben«. Weiter schreibt er am 25. Mai:

Sicher ist es schön für einen Staat, nur brutal gesunde Menschen zu haben. Daß aber mit der körperlichen Gesundheit stets ein lebendiger, ja durchschnittlicher

Ingrid und Hans-Ulrich bei den seltenen Besuchen des Offiziers in der Neumark

Geist verbunden ist, wage ich schon zu bezweifeln. Zum Überdurchschnittlichen reicht es schon mal nur in den allerseltensten Fällen. Da aber die Geschicke dieser Welt nun einmal nicht vom Durchschnitt gesteuert werden, wird man sich bei der Produktion von Einheitsmenschen auch mehr und mehr von der Bühne des Weltgeschehens zurückziehen müssen. Bringt nicht gerade ein körperliches, seelisches, geistiges Gebrechen gerade die Menschen hervor, von denen die Welt spricht? [...] Ich will damit nicht behaupten, daß zum Beispiel Wahnsinn die Vorbedingung zum Genius ist, aber wo liegt die Trennungslinie zwischen beiden? Überragende Köpfe tragen alle den Stempel des Unnatürlichen in sich.

Oertzen erfährt, daß sich Tresckow bei einem Urlaub in der Neumark möglicherweise mit Ingrids Vater treffen wird. Er hofft, daß sich sein Vorgesetzter für die junge Beziehung einsetzt, falls die Sprache darauf kommt, und überlegt, wer aus dem Bekanntenkreis noch helfen könnte, den Vater zu überzeugen. Ingrid ist inzwischen dabei, die Sachen ihres Verlobten aus Wien nach Bellin zu holen. Wien war die letzte Station Oertzens vor dem Krieg, seitdem hat er sich nur in Militäreinheiten aufgehalten. Da Oertzen nach dem Tod seiner Eltern keine direkten Verwandten mehr besitzt, ist ein Großteil seiner Sachen in Wien geblieben. Der Rest steht in Halle und bei der befreundeten Familie Godin in Berlin.

31.5.43

Mein über alles Geliebtes.
Leider muß ich Dir gestehen, daß ich in etwas angeheiterter Stimmung schreibe. Das hat drei Gründe. Meine Freude über die Anzahl – bitte weiter so – Deiner Briefe; der mir morgen geschenkte Tag zur Fahrt zu meinem väterlichen Freund General Röhricht – Du mußt mir erlauben, ihm als einzigen außer Dir mein Herz ausschütten zu dürfen – und die Anwesenheit von zwei alten Jahrgangskameraden, die begossen werden mußte. [...] Auf den Tresckow-Besuch bin ich sehr gespannt. Wenn sich Dein Vater für mich und meine Fähigkeiten interessieren sollte, kann er ja einige geschickte Fragen dort anbringen. Sonst bin ich in seinen Augen gern ein dummer, unbeherrschter, unüberlegter Junge, der es verstanden hat, durch alle möglichen Manipulationen die Gunst seiner Tochter zu erwerben. [...] Soll er ruhig glauben, uns hätte die Liebe die Köpfe verdreht. Gut, daß er unsere Gespräche nicht gehört hat. Er hätte sich über ihren Ernst noch mehr Sorgen gemacht als über unsere vermeintliche Unvernunft.

3.6.43

Mein geliebtes kleines Tapferes!
Mein eintägiger Aufenthalt bei meinem väterlichen Freund Röhricht war wie immer für mich ein Lebensabschnitt in Einstellung und Zielstellung. Er ist für mich der Impuls zu meiner Erkenntnis und zur Festigung meiner Lebenseinstellung. Zwei ganz wesentliche Punkte haben wir besprochen neben vielen politischen, militärischen und wissenschaftlichen Dingen: die Frage unseres Entschlusses und meine Einstellung zu meiner jetzigen Tätigkeit. Ich kann Dir nur von ganzem Herzen wünschen, daß Dir Curt Prüfer [ein Bekannter von Ingrids Familie, LBK] ein ebenso guter und verständnisvoller Mentor ist.
Zur Frage 1: Er steht ganz auf unserem Standpunkt. Erst wollte ihm die Schnelligkeit unserer Bekanntschaft Sorgen machen. Diese verflogen aber bald,

als ich ihm Einzelheiten unseres gegenseitigen Ineinanderaufgehens erzählte und er unsere ernste und klare Auffassung unseres Schicksals erfuhr. Zur Frage 2: Er riet mir, mich nicht zu sehr in meiner anstrengenden Aufgabe zu vergeben und besser meine Kräfte für solche Zeiten aufzusparen, in denen ich an verantwortungsvoller, selbständiger Stelle stehe. Er trifft damit ja auch den Nagel auf den Kopf, denn das ist nun einmal das wichtigste im Leben: an entscheidender Stelle ganz »fit« zu sein. Ich brauchte diese Anregung, denn sonst wäre es mir so gegangen wie vielen meiner Kameraden: zu schnell verbraucht. Man darf sich eben nicht von den Geboten der Stunde unterkriegen lassen, sondern muß hierbei die Entwicklung und das Ziel im Auge haben. Damit ist nicht gesagt, daß man günstige Gelegenheiten auf dem Wege liegen lassen soll, aber man darf sich darin nicht verzetteln. Glücklich und gestärkt in dem Bewußtsein, daß so wohlwollender Zuspruch und die damit verbundene Anerkennung meiner bisherigen Entwicklung und Leistungen von so einem klar blickenden und klugen Mann nicht dem Schlechtesten zuteil wird, sitze ich nun wieder hier in meinem Laden und bin um einiges reicher und um vieles ausgeglichener.

6.6.43

Teure Ingrid (Elisabeth, Adelaide).

Du scheinst ja ganz ungeheuer fleißig im alten »Gotha« geschmökert zu haben, um hinter den Geburtstag meines Vaters, den ich nie mit Bewußtsein erlebt noch gefeiert habe, und meine ungezählten Vornamen zu kommen. Sehr tüchtig, daß Du Dich zwischen den vielen Oertzens und ihren »Häusern« durchgefunden hast. Weißt Du, daß meine Mutter auch Elisabeth hieß? So ist es nun einmal, wenn es »so sein muß«. Elisabeth, Minka, Barbara, Ernestine, Henriette, Marie waren ihre Namen – eine für mich unvergeßliche Klangfolge. Da Du von »Ulli« nichts wissen willst, wirst Du auch nicht wissen, daß ich niemals Hans-Ulrich habe heißen wollen, sondern mich immer stolz nach meinem Vater nur Ulrich genannt habe. Der Doppelname ist wirklich besonders treffend. Gebrauche ihn bitte nur als Notbremse in besonders ernsten Fällen. [...] An Salderns habe ich noch nicht geschrieben, trotzdem sie zweifellos eine Erklärung erwarten. Dort können wir auch noch große Unterstützung erwarten, wenn wir wollen. Zweifellos wollte Vater Saldern neulich, als er bei Euch war, so einiges wissen. Vielleicht hat sich darum Dein Vater etwas gelöst, weil er sich das Herz freigesprochen hat? Wer kann es wissen. Sehr gespannt bin ich auch auf den Tresckow-Besuch. Auch in ihm haben wir eine große Stütze. Überhaupt, wenn ich so die Zahl unserer »Hilfstruppen« überblicke, gibt es keine Schlacht zu verlieren. Es ist alles so schön, daß man es kaum glauben kann. Dabei ist es nur ein Anfang. Ich werde ein ganz anderer Mensch. Mir entsteht ein »Zuhause«, eine Heimat, Begriffe, die ich lange nicht mehr gekannt habe. Meine bisher zerflatterten Gefühle fließen mehr und mehr in einen ruhigen Strom des Geborgenseins zusammen. Das löst in mir ein Spannungsfeld, dessen Vorhandensein mir zunächst unbewußt, in letzter Zeit aber empfindlich spürbar war. Alles verdanke ich Deiner Liebe, Deinem Vertrauen und Deinen Gedanken.

Tatsächlich erkundigt sich Franz Helmut von Langenn-Steinkeller bei Tresckow über den Freund seiner Tochter. Dabei läßt er durchblicken, daß er neben der Sorge über eine erneute feste Beziehung seiner Tochter in Kriegszeiten – ihr erster Verlobter war 1941 gefallen – befürchtet, daß es der mittellose Oertzen vor allem auf seinen Besitz abgesehen haben könnte.

20.6.43

Mein über alles Geliebtes!

Gestern abend war ich bei Tresckow zu einer zweistündigen dienstlichen Besprechung über viele Fragen meines Arbeitsgebietes. Als ich am Ende war, hielt er mich zurück. [...] Er erzählte mir, daß sich Dein Vater nach mir erkundigt hätte. Er hätte ihm ein klares Bild von mir gegeben mit Stärken und Schwächen. Gesamturteil: »Geeignet«. Tresckow sagte abschließend, nachdem er mir sehr gute Ratschläge die Behandlung Deines Vaters betreffend gegeben hatte: »Wenn Sie einen achttägigen Urlaub für nötig halten, sollen Sie ihn sofort haben. Sagen Sie es mir!«

25.6.43

Mein über alles Geliebtes!

Ich komme von meinem Gespräch mit Tresckow nicht los. Er sagte mir, daß er mit mir in allen Dingen restlos einverstanden wäre, nur in zwei Punkten wäre er sich über mich nicht ganz im Klaren: Erstens wäre ich unglaublich ehrgeizig und er wüßte nicht, wie sich das entwickeln würde, und zweitens hätte er von mir den Eindruck, als wenn ich mir bestimmte Ziele setzte, die ich verstände, rücksichtslos zu verfolgen. Auf meinen Einwand, daß ja eigentlich beide Eigenschaften sehr erstrebenswert, aber nicht verwerflich wären, sagte er mir, daß sich die erste sehr zum Nachteil wandeln könnte und er in meiner »Bekanntschaft« mit Dir ein Zeichen meiner zweiten Eigenschaft zu sehen vermutete. Ich verstand zunächst nicht, dann aber wurde mir schrecklich klar, was er meinte: Man heiratet ja nicht allein eine Frau, sondern auch ihr ganzes »Drum und Dran« und ihren Besitz. Und da liegt in unserem Fall die Möglichkeit nahe, daß ich in der erstrebenswerten Hoffnung auf Landbesitz und Wohlleben »auf Dich gekommen wäre.« Wir sprachen schon am Tennisplatz darüber und sind uns über unsere Motive auch in diesem Punkt klar geworden: Sollte in mir überhaupt nur die Andeutung zu einer derartigen

Absicht vorliegen, dann möchte ich in den Boden versinken. Ich will gar nicht nach Gegengründen suchen, aber doch anführen, daß es in der heutigen Zeit überhaupt nicht abzusehen ist, ob es nach Ende des Krieges noch Besitz und Eigentum gibt.

27.6.43

Mein liebes Kleines.
    Ich war gerade bei Tresckow und bat um kurzen Urlaub. Er bewilligte ihn mir sofort, und wir strahlten uns daraufhin beide glücklich lachend an.

Überraschend sträubt sich Ingrids Vater nicht mehr gegen eine Beziehung der beiden Verliebten. Seine Vorbehalte gegenüber Hans-Ulrich von Oertzen scheinen geschwunden zu sein. Während der Vater aber noch Wochen seine Zustimmung zur offiziellen Bekanntgabe der Verlobung hinauszögert, verkündet sie Oertzen in seiner Einheit.

2.7.43

Mein über alles Geliebtes.
    Ich bin ja so glücklich über das Geschehene, wie ich es gar nicht sagen kann. Es waren wieder nur drei Tage, aber sie hatten es in sich. [...] Dein Vater hat sich nun zu einem endgültigen Entschluß durchgerungen, auf dem fußend wir nun ans Werk gehen können.

4.7.43

Mein Alles!
    Als ich Tresckow und einem kleinen Kreis unserer Abteilung Ia von meinem erfreulichen Familienstands-Wechsel Mitteilung machte, brach eine wahre Begeisterung los. Tresckow gratulierte überschwenglich, und ich wurde bis heute in den frühen Morgen gefeiert. Kleist hielt mir eine sehr feierliche und herzliche Ansprache, in der er besonders Dich hervorhob und Dich im Kreise der Frauen unseres Offiziers-Korps willkommen hieß. Ich hätte Dir so gewünscht, als Mäuschen dem Fest beigewohnt zu haben. Es war wirklich zu nett und geradezu ergreifend, in welch herzlicher Form unserer gedacht wurde. Dann habe ich heute ein schriftliches Gesuch eingereicht, meine Verlobung mit Dir veröffentlichen zu dürfen. Die Entscheidung trifft mein Chef des Generalstabes, der General Krebs [General Hans Krebs, LBK]. [...] Morgen wird ein Brief an Deinen Vater geschrieben. Es wird für mich noch etwas ungewohnt sein, ihn mit Vater anzureden, denn es ist ja für mich das erste Mal in meinem Leben, daß ich »Vater« schreibe oder mit Bewußtsein ausspreche.

5.7.43

Meine geliebte Kleine, nun schon halb »Unheimliche«.

Jeden Morgen – heute schon den dritten – fragt mich Tresckow: »Na, haben Sie schon einen Brief geschrieben?« Es bedarf aber dieser freundlichen Aufmunterung wirklich nicht. Wenn mir auch am Tage die Zeit fehlt – Dir geht es ja auch nicht anders –, dann drängt es mich abends, auch in allerspätester Nachtstunde, Dir noch einmal ein klein wenig von dem zu berichten, was mich stündlich mit Dir verbindet. T. will auch im Herbst auf Urlaub, vielleicht überschneidet sich sogar seiner mit meinem, da er dann wahrscheinlich nicht mehr in meinem Stab ist.

6.7.43

Mein über alles Geliebtes.

Ich habe das Gefühl, als wenn ich mir mit Tresckow wesentlich näher gekommen bin, nachdem er sich für unsere Sache interessiert und verwandt hat. Jeden Tag erkundigt er sich erneut nach Dir, ob ich oder Du geschrieben hätten, wie das Wetter in der Neumark wäre usw. Täglich beim gemeinsamen Kaffeetisch entspinnt sich ein kleiner Kampf um die Vorzüge der Neumark (vertreten durch Tresckow und mich) gegenüber Pommern (Kleist und mein Ordonnanzoffizier, der Güterverwalter Hauptmann Eggert) und Mecklenburg (Oberleutnant Hans Albrecht von Boddin). Zankapfel waren gestern und vorgestern die Zubereitungen von zwei Kuchen, die einmal Mecklenburg und einmal Pommern gestiftet hatten. Fühle Dich daraufhin bitte nicht verpflichtet, einen Kuchen zu backen. Ich wollte Dir nur zeigen, daß wir auch außerdienstliche, weniger militärische Schlachten kennen.

8.7.43

Meine über alles geliebte Ania!

Gestern nach unserem langen Telefongespräch habe ich noch eine Weile versonnen gesessen und über das böse Schicksal nachgedacht, das uns wie die Königskinder getrennt hält. [...] Du warst so erschrocken, als ich Dir von Tresckows Aufforderung berichtete, daß ich Dir »alles Mögliche« berichten müßte. Nein, nein, hab nur keine Angst. So einen bösen, wilden Mann, wie Du da vermutest, hast Du nun doch nicht gefangen. T. will mich ja nur necken, wie die anderen Eingeweihten hier auch. Mädchenbilder in Zeitungen werden vor mir verdeckt, Russinnen auf der Straße durch Handwedeln unkenntlich gemacht, und dann muß ich Dir unbedingt beichten, daß ich auf der Rückfahrt von Frankfurt (Oder) nach Posen im Gang mit einigen Mannequins aus Düsseldorf, die ausgebombt nach Osten flüchteten, zusammengestanden habe. Ich habe über ihre frechen Reden wirklich herzlich lachen müssen und das Aufgeschnappte bei meiner Rückkehr hier berichtet. Bist Du nun ganz zufrieden mit mir, oder soll ich Dir noch tollere Geschichten erzählen? [...] Die Kritik der Mannsbilder, denen ich zwei der Bilder von Dir zeigte, war sehr unterschiedlich. (Das eine ist das von Binder, das andere das Sinnende, etwas Lächelnde im Pullover). Die meisten neigen mehr zu letzterem und betonen dabei in Dir das Frauliche und geistig Regsame, das andere ist ihnen zu »füllenhaft«. Tresckow aber, dem ich gerade einige Bilder von Dir zeigen sollte, entschied sich zu ersterem. Auf letzterem wärst Du gar nicht zu erkennen oder zumindest nur für solche, die Dich sehr gut kennen, auf ersterem wärst Du richtig »Nachbars Tochter«, so wie er Dich kennt.

Die Zukunftsplanungen von Hans-Ulrich von Oertzen und Ingrid von Langenn-Steinkeller werden immer konkreter. Von Hochzeit ist die Rede, auch von Kindern. Oertzen listet bereits auf, welche Unterlagen für eine Vermählung notwendig sind. Außerdem beginnen beide, sich per Brief näher kennenzulernen. Sie fragen sich gegenseitig nach Interessen und Vorlieben. Der Offizier sieht in der Verbindung die lang ersehnte Basis für sein künftiges Leben. Zugleich macht er sich Gedanken, ob die Verbindung angesichts des Krieges eine Zukunft hat.

9.7.43

Meine über alles geliebte Ania!
Ich wußte, daß Du Dir schon lange ernste Gedanken über unsere Verbindung gemacht hast, aber ich hatte es so auf der Zunge, Dir noch einmal meine Gedanken darüber zu sagen. Deine Antwort mutet mir in ihrer völligen Übereinstimmung mit meinen Gedanken fast gefährlich an. [...] Ich habe mich nur deswegen so sanft an dieses Thema herangepirscht, weil ich Dein im Spaß gemeintes »5 sind wohl doch reichlich viel« für ernst nahm. Ja, ja, Ania, so bauen wir unsere herrlichsten Luftschlösser und sehen uns schon im Kreise unserer Familie. Wir wollen immer so glückselig in die Zukunft sehen, denn das von uns erträumte Ziel ist ein ganzer Lebensinhalt und durch keinen anderen Faktor im Leben zu ersetzen. Besitz, Ehre und Ruhm müssen vor einem häuslichen Glück zurücktreten. In ihm liegt die Wurzel zu allem Tun und Denken, der Ursprung zum Schaffen und zur inneren Einstellung dem Leben und den geistigen Gütern gegenüber.

11.7.43

Meine über alles geliebte Anuschka.
Als Boeselager heute erfuhr, daß ich mich wirklich verlobt hätte, sagte er, nun wäre ich für die Menschheit verloren! Tresckow, der uns nun leider Ende des Monats endgültig verläßt, schlug auch in die Kerbe und führte ein Wort Friedrichs des Großen an: »Verheiratete Offiziers sind keinen Schuß Pulver wert!« So schlimm ist es ja nun bei mir wohl nicht! Aber Du siehst, in welche

schrecklichen Konflikte Du mich durch Dein unheilvolles Auftreten gebracht hast. [...]

Betrachte das Weltgeschehen nur ruhig auch weiterhin mit den Augen einer Frau. Selbst Männer werden daraus nicht klug. Sie glauben nur immer, etwas Wesentliches dazu sagen zu müssen. Besser wäre, sie würden den Mund halten und handeln, wie es der Posten, an dem sie stehen, verlangt. Mit der »Kapitulation der Diplomaten« bin ich nicht ganz einverstanden. Diesen Krieg haben auch vollkräftige Diplomaten nicht verhindern können. Aber darüber mündlich. [...] Da fällt mir ein, daß ich meinen Patensohn, Kind meines alten Kompaniechefs in Hannover, jetzigen Regimentskommandeur Oberst Wilken, ganz vernachlässigt habe. So sind die Onkels, wenn sie in den Krieg ziehen. Da müssen eben ihre Frauen und Bräute die Verbindungen aufrechterhalten. Bereite Dich also schon langsam auf diese Aufgaben vor!

12.7.43

Mein über alles Geliebtes.

Gestern am Sonntag löste ich mich mit Eggert aus meinem Saftladen, fuhr mit Rittmeister Schulemann, der Deine beiden Birkholzer Vettern kennt, auf die von ihm bewirtschaftete Sowchose und »machte dort in Landwirtschaft«. Nach einem längeren Ritt über die Felder besichtigten wir die Scheunen und Ställe und waren des Lobes voll. [...] Du mußt mir einmal so alles Mögliche über Bellin erzählen. Wie es in Euren Besitz kam, wie groß es ist, was alles dazugehört, wie und wer es bewirtschaftet usw. Interessierst Du Dich eigentlich für Landwirtschaft und Forst, oder liegen Deine Interessen auf anderen Gebieten?

13.7.43

Mein über alles Geliebtes.

Als ich heute morgen mein Geschäftszimmer betrat, hing über einem Buntbild aus dem »Signal«, eine französische Badenixe darstellend, ein kleiner Zettel: »Darf das noch sein?« Das Bild hatte mir Leutnant Genth vor zwei Monaten angebaumelt, da er meine Wände schmücken wollte, der kleine Zettel stammte von Oberstleutnant von Voß, der sich um das Seelenheil des Jungverlobten Sorgen machte. Du siehst, wie hier jeder hinter mir her ist, aus mir etwas Vernünftiges werden zu lassen. Da muß selbst der Hartnäckigste weich werden.

14.7.43

Mein Kleines.

Bei so einem Brief an Dich bemühe ich mich wenigstens, alles das, was mich hier umgibt, abzustreifen und in Gedanken an Dich neue Kraft zu schöpfen als Gegengewicht zu den belastenden Momenten, die die Arbeit und das Wissen in einem höheren Stab mit sich bringt. Der Mensch ist immer ein Sklave seiner Umgebung. Der ist am glücklichsten, der etwas Neues schaffen kann, der sein Werk wachsen und gedeihen sieht und der in seinem Tun aufgeht. Da einem aber das Leben diesen Wunsch nicht immer erfüllt, tut man gut daran, auch in seinem engen Kreise Befriedigung zu finden. Ganz anders und viel besser geht es einem aber, wenn man spürt, wie man einem anderen Menschen näherkommt, der einen versteht, der in der Lage ist, einen auf andere, neue Gedanken zu bringen. [...] Ich will mich jetzt noch nach einem guten Buch umsehen, um für eine Zeitlang andere Gefühle auf mich einwirken zu lassen. Es ist bitter notwendig, denn ich fürchte sonst, sehr einseitig und noch geistloser zu werden, als es im Augenblick schon der Fall ist. Hast Du vielleicht ein Buch, zum Beispiel eine der mich besonders interessierenden Biographien großer und auch kleiner Männer?

15.7.43

Mein über alles Geliebtes.

Mit den Briefen der beiden letzten Tage, die ich an Dich schrieb, bin ich gar nicht zufrieden. Sie tragen den Abglanz einer ungeheuren Spannung in sich, die hier durch kritische Lagen an der Front hervorgerufen wurden. Nun bin ich auch innerlich darüber hinweg – äußerlich habe ich nie etwas gezeigt, man lernt das Schauspielern meisterhaft. [...] Deine Ansicht über unseren Hochzeitstermin kann ich nur befürworten. Gerade im Krieg ist eine lange Verlobungszeit wirklich sinnlos. Vor dem Winter wollen wir keine Angst haben. Sein großer Vorteil ist, daß er vor dem Frühjahr kommt. Wer weiß, was danach wieder alles los ist und wo ich mich dann schon herumtreibe. Denn darüber muß ich mir klar sein, ein Jahr bleibe ich in meiner Stellung, dann kommt etwas anderes dran. Was, wissen allein die Götter.

23.7.43

Meine über alles geliebte Ania.

Ich will Dir nur kurz berichten, was mich im Augenblick gerade beschäftigt: Angeregt wurde ich dazu durch unseren Kriegstagebuchoffizier Leutnant Gagenholz, einen hochintelligenten, geschichtlich passionierten und bewanderten Mann, der allein die Aufgabe hat, alles, was im Bereich der Heeresgruppe Mitte geschieht, soweit es wesentlich ist, festzuhalten. Er hätte sich schon oft mit den anderen Offizieren darüber unterhalten, was dem Major von Oertzen fehlt. Er wäre so etwas bedrückt und ginge nicht aus sich heraus. Da habe ich ihm eine Erklärung über mein Verhalten abgegeben.

Erstens hat die völlig andere und mir ungewohnte Atmosphäre des Stabes der Heeresgruppe, die von geistig hochstehenden und starken Persönlichkeiten wie Tresckow, Kleist, Schlabrendorff ausging, mich stark erschüttert und meine

Einstellung zu vielen Dingen über den Haufen geworfen. Ich mußte mich von einer Umgebung, in der ich bisher eine führende Rolle gespielt hatte und in der ich – wie ich jetzt erkenne – durch äußerliche und handwerksmäßige Erfolge brillieren konnte, in einen Kreis von Menschen hineinfinden, die ganze Kerle waren, die auf den Kern sahen, bei denen Äußerlichkeiten nicht über das Wesen hinwegtäuschen konnten. So ergab sich aus einem gewissen Unterlegenheitsgefühl nach außen hin bei mir der Anschein der Zurückhaltung.

Zweitens mußte ich mich an den schrecklichen Papierkrieg hier gewöhnen.

Drittens scheint mir, daß jeder junge Mensch in einem gewissen Alter mit sich selbst einen schweren Kampf ausfechten muß, in dem er sich über seine eigenen Qualitäten und Leistungsgrenzen klar wird – und diesen Kampf habe ich gerade in dieser Umstellungszeit führen müssen, und

Viertens kommt unsere Verlobungsgeschichte dazu, die in ihrem ganzen Hergang auch nicht gerade beruhigend auf die Nerven wirkte.

Wie sehr mir nun das Bewußtsein in diesem inneren Kampf geholfen hat, in Dir eine Stütze in allen meinen Nöten zu besitzen, kann ich Dir gar nicht beschreiben. Nun habe ich mich durchgekämpft und beginne, mich innerlich neu aufzubauen.

24.7.43

Meine geliebte Ania.

Du fragst, ob ich gern tanze: Ja und nein. Ich habe als Leutnant so viel getanzt, daß es mir über wurde. Tanzstunden, Bälle, Feste jagten sich nur so. Dann habe ich in Wien »gewalzert«, auch wieder eine Zeitlang mit Passion. Dann kam der Krieg – ich wurde älter und »kälter«. Ja, und nun muß ich sagen, daß mir das Tanzen nur noch dann Spaß macht, wenn ich die entsprechende Tänzerin dazu habe. Und da brauche ich bei Dir nicht in Sorge zu sein.

Vorbereitungen für einen Staatsstreich

Ende Juli wird Oberst Henning von Tresckow in die »Führerreserve« versetzt. Er soll in absehbarer Zeit zum Generalmajor befördert werden und ein selbständiges Truppenkommando übernehmen. Damit fällt die Heeresgruppe als Hauptquartier für einen Staatsstreich aus. Dafür ist Tresckow nun in Berlin. Er knüpft alte und neue Verbindungen im militärischen Widerstand. Da sich im Sommer 1943 mit dem Zusammenbruch Italiens eine neue Krise abzeichnet, scheint eine günstige Gelegenheit gegeben. Tresckow nutzt seinen mehrwöchigen Urlaub, die »Walküre«-Befehle Olbrichts auf einen aktuellen Stand zu bringen. Zum einen waren durch Versetzungen zuverlässiger Offiziere Lücken entstanden. Zum anderen sollten die Einheiten des Ersatzheeres, die bis dahin laut »Walküre«-Befehlen lediglich im Falle »überraschender Bedrohungen« durch Landung alliierter Fallschirmtruppen oder »sonstiger Notstände« ausrücken sollten, nun offiziell bei »inneren Unruhen« im Reich alarmiert werden. In Wirklichkeit wird damit die Voraussetzung geschaffen, jene Truppen zu aktivieren, die zur Unterstützung eines Staatsstreiches notwendig sind. Die neuen Alarmbefehle können am 31. Juli 1943 von General Olbricht an die Wehrkreiskommandos herausgegeben werden. Tresckow, der in Potsdam bei Verwandten wohnt, trifft sich weiterhin mit Vertrauten in Berlin und verzichtet dafür auf seinen vorgesehenen Kuraufenthalt im oberbayerischen Heereserholungsheim Ellmau. Oertzen trauert inzwischen über den Weggang des Vorgesetzten, freut sich aber auch auf den bevorstehenden Urlaub im September.

28.7.43

Meine über alles geliebte Ania!

Heute ist nun Tresckow abgefahren. Mir scheint es fast, als wenn ich mich von ihm durch sein Weggehen weniger getrennt hätte, als daß ich ihm vielmehr näher gekommen bin. Jetzt, da das dienstliche Verhältnis nicht mehr zwischen uns steht, tritt die persönliche Bindung zu ihm viel mehr in den Vordergrund. Ich verdanke ihm unendlich viel. Ich werde es ihm in Kürze in einem Brief mitteilen. Seinen letzten Wunsch an mich werde ich ganz erfüllen: »Werden Sie ein rechter Neumärker!« Wenn er in Eurer Nähe ist, mußt Du ihn unbedingt aufsuchen und ihm für alles danken, was er für uns und auch für mich persönlich getan hat. Ich habe mir an ihm und seiner Arbeit ein Beispiel genommen und werde versuchen, aus dem Willen seiner starken Persönlichkeit einiges für mich zu ernten. Muß ich es doch einem gütigen Schicksal zuschreiben, daß ich in seinen engeren Stab gekommen bin. Heute sprach ich mit einem Offizier unseres Artilleriekommandeurs über die Gesamtlage und er wunderte sich, daß ich den Mut aufgebracht hätte, mich zu so einer Zeit zu verloben. Ich habe ihm daraufhin geantwortet, daß ich es niemals bereuen würde, denn nie in meinem Leben möchte ich das Glück und die Seeligkeit missen, die diese Bindung mit Dir mir gebracht hatten.

30.7.43

Meine geliebte Ania.

Ich kam mir die Nacht doch etwas eigenartig vor, als Du mir ganz vorwurfsvoll sagtest: »Aber Baschy, Du weißt nicht, was am 11.8. war?« – Ich habe mir diesen Tag, den Todestag meiner Mutter, nie eingeprägt, denn ich habe mich an ihn nicht erinnern wollen. Ich war damals innerlich noch nicht gefestigt genug, um der sich mir mit diesem Tage aufdrängenden Erinnerung gewachsen zu sein. Wie abgeklärt ich inzwischen in der Frage des Todes geworden bin, hast Du selbst am 2.8.42, am Tage unseres ersten Zusammentreffens, hören müssen. Damals war ich erstaunt, wie klar auch Du in diesen Dingen sahst.

[...] Wir haben nicht vom Wetter sprechen brauchen, wir hatten anderes, was uns verband. Wir wollen daran festhalten. Nur durch Prüfungen werden wir geläutert. [...] Der kleine Spruch über das Reicherwerden der Seele ist auch mir aus dem Herzen gesprochen. Ich schrieb es Dir schon in meinen letzten Briefen: Meine vermehrte innere Ruhe ist zum großen Teil auf diesen beglückenden Vorgang zurückzuführen. Wie freue ich mich darum immer wieder darüber, daß Du alles das findest, was ich zwischen meine Zeilen lege, auch dann, wenn ich Dir nur von nebensächlichen Dingen schreibe. [...]

Oertzen neigt dazu, von ernsten Gedanken schnell auf profane Dinge zu kommen, so als habe er Scheu, sich zu öffnen. Gerade hat er seine Gefühle gezeigt, da wird er wieder ganz »praktisch«. Es geht um seinen verstreut herumstehenden »Besitz«. Er schreibt weiter:

Nun noch schnell zu Deiner Frage, was in meinen Kisten ist.

Wien: Bilder, Preise, Bücher, Junggesellengeschirr und Küche, Reitzeug (2 Sättel), einige Mäntel und Anzüge (schrecklich!), eine Afrikasammlung (Speere und Hörner), sechs Gewehre, Tischdecken und Bettbezüge, ein Grammophon, eine Schreibmaschine.

Halle: Uniformen, Wäsche, Stiefel, vier Jagdgewehre, Ski, Weinkiste, Bücher und Fotosachen

Berlin: ein Koffer, Silbersachen (Schatz), Anzüge, Bücher, Papiere, Pelze.

30.7.43

Meine Ania.

Schön war wieder einmal unser Telefongespräch. [...] Ich war glücklich, Deine Stimme zu hören, aber sie schien mir dieses Mal etwas gedrückter zu sein als sonst. War es, daß ich Dich aus tiefem Schlaf weckte, oder hat man Dir zu viel von der Politik erzählt. Am besten tust Du, wenn Du Dich mit dem ganzen Kram nicht belastest. Ändern können *wir* es ja doch nicht.

1.8.43

Meine geliebte Ania.

Heute vor einem Jahr kam ich in Mantel an und sah das erste Mal mit Bewußtsein Deine dort stehenden Bilder. Was für »schreckliche Folgen« das für mich gehabt hat, schrieb ich nach Deinem Weggang aus Mantel in meinem »verschlossenen Brief«. Wer hätte das gedacht? Wenn ich noch einmal den Ablauf des Jahres überdenke, möchte ich die Welt umarmen. Ein Jahr der ungeheuren Spannungen und des schönsten Glücks: der werdenden Liebe. Ania, ich danke immer wieder dem gütigen Schicksal, daß es Dich in meinen Lebensweg geführt hat, denn wo wäre ich jetzt ohne Dich?

3.8.43

Mein über alles Geliebtes.

Tresckow ist jetzt schon in seinem Kurort Heereserholungsheim Schloß Ellmau. Ich schreibe ihm gerade einen längeren Brief, in dem ich hoffe, daß unsere nun einmal aufgenommene Verbindung nicht wieder abreißen wird. Solltest Du ihn noch einmal erwischen können, bevor er wieder an die Front abdampft, sei recht nett zu ihm. Ellmau war die erste Reise mit meiner Mutter, an die ich mich erinnere. Ich fuhr einer Frau mit meinem Schlitten über die Ski und sollte um Entschuldigung bitten. Das tat ich aber nicht und wurde verhauen. Daher die gute Erinnerung an diesen Vorgang. Später fuhr meine Mutter mit mir noch in die Hohe Tatra, in die Bretagne, auf die Güter Mecklenburgs, Pommerns und Ostpreußens, in die Alpen an mehrere Stellen und als letzte gemeinsame größere Reise nach Lech am Arlberg. [...] Meine Kisten aus Berlin werden nach der neuesten Entwicklung in des Reiches Hauptstadt wohl doch nicht so bald den Weg nach Bellin nehmen. Alles, was aus Berlin herausführt, soll im Augenblick bis an den Rand verstopft sein. Wir müssen also eine Weile warten, bis die Postämter und Bahnhöfe wieder aufnahmefähig sind. Hoffentlich schmeißen die Engländer unser schönes Berlin nicht so doll ein. Häufige Besuche werden sie sich nicht nehmen lassen. Dieser Krieg ist schon ein furchtbares Kreuz für die Menschheit. [...]

Hast Du eigentlich schon einmal mit Salderns über Veltheim gesprochen [Hans-Hasso von Veltheim-Ostrau, Anthroposoph und Indien-Forscher, LBK] Ich habe ihm schon mehrere Monate nicht mehr geschrieben. Wenn ich mir jetzt so seine Briefe durchlese und in meinen Notizen blättere, die ich nach Gesprächen mit ihm niedergeschrieben habe, so bin ich immer wieder erstaunt über die Klarheit und Richtigkeit seiner Lagebeurteilungen und seinen weitschauenden Blick.

Eben gerade habe ich mich eine halbe Stunde mit Oberstleutnant von Voß unterhalten. Er ist auch ein richtig anständiger Kerl. Das ist überhaupt das Wesen unseres Stabes, daß wir eine große Familie sind, in der jeder persönliche Beziehungen zum anderen hat.

Nach den vernichtenden alliierten Luftangriffen auf Hamburg, das in einem Feuersturm zerstört wurde, gab Propagandaminister Joseph Goebbels als Berliner Gauleiter neue Anweisungen zum Luftschutz. Oertzen, besorgt über das, was er über den Bombenkrieg hört, schreibt:

4.8.43

Mein geliebtes Herz.

Nun werden schon die Frauen und Kinder aus Berlin evakuiert. Es ist zwar das beste Mittel, sie vor der Vernichtung zu bewahren, aber schön ist es nicht.

Hans-Ulrich von Oertzen (rechts) in der Heeresgruppe Mitte, in der Mitte Georg Freiherr von Boeselager

Oertzen (rechts) in der Heeresgruppe Mitte, 2. von links ist Hans-Alexander von Voß

Porträt von Major i.G. Hans-Ulrich von Oertzen

Man scheint doch aus den schrecklichen Begebenheiten in Hamburg gelernt zu haben. – Wie froh ich bin, Dich auf dem Lande zu wissen und nicht – einer Laune entsprechend – als DRK-Schwester in einer Großstadt, kannst Du Dir denken. Es wird auch nicht mehr lange dauern, daß Bellin Bombenflüchtlinge hineingelegt bekommt. Die Engländer werden sich schon eine Stadt nach der anderen vornehmen. Sehr in Sorge bin ich um die Stimmung der Heimat, die sich in Briefen und Gerüchten den Frontsoldaten aufdrängen wird. Der Krieg geht rapide seinem Höhepunkt zu.

Tresckow wird infolge der letzten Ereignisse zunächst nicht in die Alpen fahren, sondern in Potsdam bleiben.

5.8.43

Mein über alles Geliebtes.

Wie hat mich Dein Bericht über unser Telefongespräch erfreut. Du Arme – im Luftschutzkeller sitzen *und* vergrämt sein, ist nicht schön. [...] Rührend von Dir, daß Du bei Knauer [Möbelunternehmen in Berlin, bei dem seine Kisten stehen, LBK] warst! Ich möchte Dich dafür umarmen. In dieser Situation hast du doch eine ganz »bannige« Zivilcourage bewiesen. Ich will noch abwarten, was Dein Vater über die Angelegenheit eines Möbeltransports sagt, dann werde ich losschießen. [...]

Ich bin soweit Fatalist, daß ich ohne mit der Wimper zu zucken, »unseren Weg weitergehe«. Alle Vorwürfe, die ich in Diskussionen zu hören bekomme, ich würde skrupellos und unverantwortlich handeln, wenn ich Dich so fest an mich binden würde, weise ich zurück. Wir beide gewinnen durch unser stets »uns näherkommen« und unser Zusammenwachsen soviel für diese und die andere Welt, daß jeder dafür gezahlte Preis unseren Gewinn nicht aufwiegen kann. Ich richte mich deshalb auch bewußt auf unsere baldige Hochzeit ein, komme, was auch kommen mag. Wir – unsere Generation – hat immer richtig gehandelt, wenn sie die Zeit nutzt und gewissermaßen von der Hand in den Mund lebte. Das versteht die Generation unserer Eltern nicht und hält diese Auffassung für leichtfertig.

8.8.43

Mein Geliebtes!

Heute war einmal wieder ein sogenannter Sonntag. Er unterschied sich mir von den übrigen Tagen der Woche durch sehr gutes Mittagessen, das unser Koch, der Suppenkoch des »Bristol« Berlin, bereitete.

18.8.43

Meine geliebte Unheimliche!

Du schreibst von Deiner großen Müdigkeit und von vieler Arbeit. Es ist umsonst, wenn ich mich um Dich sorgen würde, umsonst, meine Ratschläge, Dich zu schonen und nicht zu viel zu tun. Ich weiß aus eigener Erfahrung, daß die motorische Kraft des Geschehens von uns nicht durch Vernunft in normale Bahnen gelenkt werden kann. Wir sind Kinder und Sklaven unserer Zeit und müssen das tun, was der Augenblick von uns verlangt. Ich hoffe nur – und darauf mußt Du auch hinarbeiten – daß die Zeit meines Urlaubes auch für Dich ein richtiger Urlaub ist, mit Ausschlafen und »Faulenzen«.

21.8.43

Meine über alles geliebte Ania

Die Verlobungsanzeigen finde ich sehr hübsch und feierlich. Meine Empfänger hier, darunter auch der Feldmarschall von Kluge, bedanken sich vielmals. Der Chef, Generalleutnant Krebs, will sogar an Deinen Vater schreiben. Er war sich allerdings noch nicht darüber klar, ob er gratulieren oder kondolieren sollte. Das gute Papier und die große Aufmachung der Anzeige imponierten einigen. Sie murmelten etwas von Papierersparnis. Ich konnte nur antworten, daß ich hoffe, nur einmal im Leben einen solchen Aufwand von Papier für eine Verlobungsanzeige machen zu müssen, dann könne ich mir wohl berechtigt »viel Papier« leisten.

2.9.43

Meine über alles geliebte Ania.

Mein gestriger Flug war sehr interessant. Ich war der Front so nahe, daß ich die Artillerieeinschläge aus der Luft sehen konnte. Feindliche Jäger waren uns gottlob nicht auf der Spur, sonst wäre es uns wahrscheinlich so wie unserem Feldmarschall gegangen, der zweimal notlanden mußte und einmal sich dabei das Schultergelenk ausriß, oder wie dem Aufklärer, der gerade, als ich mit meinem »Storch« landen wollte, angebraust kam, um seine völlig zerschossene Maschine an Land zu bringen. [...] Glück muß der Mensch nun mal haben, und ich habe es in unwahrscheinlicher Masse. Das größte ist allerdings, daß ich am 9.9. bei Dir bin. Etwas Schöneres kann ich mir gar nicht vorstellen.

Welches Schicksal ihnen bevorsteht, ahnt Ingrid beim Lesen dieser Zeilen nicht. Sie freut sich wie Hans-Ulrich von Oertzen auf die Urlaubswochen auf dem Gut des Vaters. Endlich einmal eine längere Zeit zusammen sein, sich richtig kennenlernen. Inzwischen hat sich ihr Verhältnis zum Vater nach einer offenen Aussprache weiter entspannt. Er hat akzeptiert, daß das junge Paar ernsthaft ein gemeinsames Leben anstrebt, und

Oertzen zu verstehen gegeben, daß er ihnen nicht im Wege stehen wird. »Nun ist das Eis wirklich gebrochen«, jubelt der Offizier.

Am 13. September feiern alle zusammen Ingrids 21. Geburtstag. Ihr Vater schenkt ihr die Ohrringe der verstorbenen Mutter, Hans-Ulrich überreicht einen silbernen Teller mit dem Oertzen-Wappen. Ingrid ist überwältigt und bricht in Tränen aus. Oertzen rettet die Situation schlagfertig mit einer Bemerkung: »Aber wenn wir uns scheiden lassen sollten, muß ich den Teller zurückkriegen!«

Der unbeschwerte Urlaub in Bellin findet jedoch ein vorzeitiges Ende. Überraschend muß Oertzen am 16. September nach Berlin. Dort ist Tresckow noch immer dabei, den Staatsstreich vorzubereiten, seit der zweiten Septemberwoche mit Unterstützung von Claus Schenk Graf von Stauffenberg, der neuer Stabschef im Allgemeinen Heeresamt in Berlin unter Olbricht geworden ist. Sie prüfen nun im Detail die praktische Ausführung der neuformulierten »Walküre«-Befehle, mit denen die Verbände des Ersatzheeres und Schulverbände mit ihren Lehrtruppen im Raum Berlin sowie in einzelnen Wehrkreiskommandos alarmiert werden sollen. Außerdem werden Zusatzbestimmungen erarbeitet, nach denen auch Verbände des Feldheeres, die zur Umgliederung, Neuaufstellung oder Auffrischung in die Heimat verlegt wurden, in die Alarmplanung »Walküre« einzubeziehen sind. Diese Zusatzbestimmung tritt am 6. Oktober 1943 in Kraft.

Da Tresckow Anfang Oktober an der Ostfront seinen neuen Dienst als Kommandeur eines Infanterieregiments antreten muß, hat er kurzfristig Hans-Ulrich von Oertzen gebeten, Stauffenberg bei dieser Arbeit zu Hand zu gehen. Wenn es die Zeit erlaubt, eilt er zurück nach Bellin, um kurz bei Ingrid vorbeizuschauen. An Urlaub ist da nicht zu denken. Als Oertzen diesen am 27. September endgültig abbricht und in Berlin bleibt, ist Ingrid enttäuscht. »Für Wochen, Monate, Jahre gen Osten gefahren«, notiert sie in ihrem Tagebuch. Auch ihrem Verlobten fällt die Trennung schwer.

In Berlin bearbeitet Oertzen den Plan für die Besetzung der wichtigsten Stellen in der Reichshauptstadt: SS-Kasernen und Dienststellen, Oberste Reichsbehörden, Nachrichten- und Rundfunkanlagen. Zudem macht er sich mit den Verhältnissen in Berlin vertraut, denn er soll dort eine wichtige Rolle spielen. Zur Tarnung quartieren sich Stauffenberg und Oertzen im Wehrkreiskommando am Hohenzollerndamm 144 im Stab des Stellvertretenden Generalkommandos ein, dem die Einheiten unterstehen, die für den Umsturz in der Reichshauptstadt vorgesehen sind. Privat wohnt Oertzen bei seinem Schulfreund Hans von Godin, bei dem er schon zuvor immer wieder während seiner Berlin-Besuche Quartier erhalten hatte und zu dessen Familie er freundschaftliche Kontakte pflegt. Oertzen hält sich auch in Potsdam auf, wie ein Brief vermuten läßt, offenbar in der Wohnung des damaligen Landeshauptmanns der Provinz Brandenburg, Dietloff von Arnim – der über seine Frau mit Tresckow verwandt ist –, und in der bereits im Sommer 1943 ein Teil der neuen »Walküre«-Befehle entstanden war. Von dort schreibt Oertzen:

30.9.43

Meine über alles geliebte Ania.

Kaum saß ich im Zuge, da war es um meine Haltung geschehen, und wie lösend Tränen wirken können, das habe ich gespürt. Der innere Vulkan angereicherter Gefühle, Gedanken, Stimmungen, Träume, Hoffnungen, dessen Schicksal es bisher ist, nicht ausbrechen zu dürfen, bekam durch die Tränen eine Dusche. [...] Nun sitze ich hier in Babelsberg in einem schönen Garten, zu Füßen ein herrlicher See, und alles scheint mir leer und inhaltslos ohne Dich. Da ist keine lustige, keine traurige Ania, da fehlt die Atmosphäre Deiner herzlichen Liebe, Deines Vertrauens und Deiner Hoffnungen. Ich werde mich wohl wieder an diesen traurigen Zustand gewöhnen müssen. Nur im Augenblick scheint es mir besonders hart. Es hat ja keinen Zweck, mit unserem Schicksal zu hadern, es hilft uns nicht, zu klagen. Das Leben muß nun einmal so, wie es sich uns gibt, genommen werden. Es ist nur an uns, es auszukosten und aus seinen Hochzeiten für die Durststrecken vorzusorgen.

1.10.43

Meine über alles geliebte Ania.

Nun ist es schon wieder zwei Tage her, daß wir uns trennen mußten. Mir wird – wenn ich den Unterschied zwischen unseren Erlebnissen in dieser kurzen Zeit betrachte – sehr klar, warum Du unter unserer Trennung mehr leiden mußt als ich. Du bleibst zu Hause, Deine Beschäftigung gibt Dir keine Abwechslung, keine neuen Gedanken, Du siehst stündlich Orte und Plätze, von denen Du sagen kannst: Hier waren wir, hier saß »Er«. Hier sprachen wir von dem ... usw. Und wie ist es bei mir? Ich bin in immer neuem Dreh' an immer neuen Orten. Gerade in den ersten Tagen sehe und erfahre ich so viel Neues, das mich beschäftigen muß und mich von meinen eigenen Gedanken abhält. Du hast es also viel schwerer als ich, und damit trifft es gerade den Falschen von uns beiden. – Ania, wie fühle ich mit Dir, und wie gern möchte ich Dir helfen! Schreib mir, wie ich es kann. [...] Heute bin ich beim OKH [Oberkommando des Heeres, LBK] und habe viele alte Freunde gesprochen. Morgen geht es um 7.00 Uhr mit dem Flugzeug weiter. Viel Arbeit erwartet mich. Die in letzter Zeit vom OKH gegebenen Befehle sind zum größten Teil bei mir nicht beantwortet und warten auf mich.

Zurück in der Heeresgruppe muß Oertzen von seinem Urlaub berichten. Was er von seinem »Berlin-Abstecher« erzählt, ist unbekannt. Die vorzeitige Trennung von seiner Verlobten hat er noch nicht überwunden. Wie es seine Art ist, tarnt Oertzen das hinter einer aufgesetzten Fröhlichkeit. Er berichtet auch von Ausritten mit seinem Pferd, das wohl zufälligerweise wie die gerade von ihm überarbeiteten Alarmierungsbefehle »Walküre« heißt.

2.10.43

Meine liebe unglaublich tüchtige Ania.

Dein herrliches Gebäck war hier einmal wieder der Mittelpunkt eines langen »Kameradengesprächs«. Dabei begann Schlabrendorff, Deine Handschrift zu untersuchen. Ich sage Dir besser nicht, was er alles herausgelesen hat. Nur eines sollst Du wissen: Wüßtest Du es, Du würdest vor Stolz platzen. Sehr bemerkenswert soll Dein Organisationstalent entwickelt sein und die Selbständigkeit. Nun weiß ich auch, warum sich die Möbel bewegen konnten.

11.10.43

Meine geliebte Ania.

Wie kannst Du nur so herumlaufen? Herz und Seele bei mir und alles andere tut Dienst! Ania, dann hast Du ja zwei ganz große Löcher in Dir, durch die der Wind pfeifen kann! Was sagen denn da die Leute, wenn sie Dich so durchlöchert sehen. Du bist doch ein voller Pilz, kein Käse. Ania, Du betrübst mich, das muß anders werden! Was mache ich da nur mit Dir. Oh, ich weiß: Ich tue mein Herz und meine Seele in Deine leeren Stellen, und Du bist wieder komplett. So wird es niemand merken? Spürst Du etwas davon, daß fremde Teile in Dir sind? Oder sind es auch schon Teile geworden, die sowohl Dir wie auch mir gehören?

12.10.43

Meine geliebte Ania.

Dank Dir tausendmal für die Forstkarte. Nun weiß ich doch genau, wo Du Dich herumtreibst. Du wirst erstaunt sein, wie gut ich in meinem nächsten Urlaub im Walde Bescheid wissen werde. Besonders auf Block I und Deine Spuren darin werde ich achten. [...] Was genieren Dich die Leute, wenn Du ihnen etwas schenkst? Ich hatte früher das gleiche Gefühl, wenn ich vor meine Kompanie trat, aber das verfliegt schnell. Jetzt habe ich eine Selbstsicherheit bekommen, die mich manchmal selbst in Erstaunen versetzt. [...] Ich reite jetzt wieder täglich und habe meine große Freude an meiner Walküre. Wir haben eine herrliche Springbahn vorgefunden, die hier im neuen Ort die Luftwaffe angelegt hat, und Walküre mußte zeigen, was in ihr steckt.

20.10.43

Meine über alles geliebte Ania.

Heute haben wir eine sehr nett abgelaufene Reitjagd veranstaltet. Zwei meiner Freunde vom OKH waren dabei. Heute abend haben wir kräftig in die Flasche gesehen.

Henning von Tresckow ist inzwischen wieder im Fronteinsatz als Kommandeur des 442. Grenadierregiments. Die seit Wochen vorbereiteten Pläne für einen Umsturz und ein erneutes Attentat auf Hitler werden zurückgestellt, vor allem, weil die Generale Karl-Heinrich von Stülpnagel und Heinz Guderian sowie Generalfeldmarschall von Kluge sich weigern, die Initiative zu ergreifen. Hans-Ulrich von Oertzen ist schwer enttäuscht.

22.10.43

Meine Ania,
Der Teufel soll mich holen, wenn es mir nicht bald einmal gelingt, inhaltsreichere Briefe zu schreiben. Ich weiß, daß ich damit gegen den Strom schwimme: In einer Welt der Äußerlichkeiten will ich Herz in die Worte legen, in einem Wust von Wirren, Widersprüchen und geradezu irrsinnig anmutenden Gedankengängen will ich Dir vernünftig und inhaltsreich schreiben, das Verderben vor Augen, sehen wir in die goldene Zukunft unseres gemeinsamen Lebens, in zusammenbrechenden Trümmern wollen wir eine Familie bauen, in den kulturlosen Steppen wollen wir Kleinodien finden, wir hoffen Gott und sagen Teufel. Ania, wenn ich mich doch nur bald wieder hier lösen könnte, um zu Dir zu eilen, damit mir und uns das niemand mehr nehmen kann, was unser gemeinsames Leben uns bringt. Jede Sekunde müssen wir nutzen. Jede Faser unseres Gedächtnisses wird gespannt sein, um niemals das zu vergessen, was wir uns sagen und was wir erleben. [...] Häufig möchte ich hier alles hinwerfen, aber da ist doch noch die starke Stimme des Pflichtgefühls, der Vitalkraft, der Jugend, die mich aufruft, auszuharren. Du wirst Dich fragen, warum ich Dir dies alles so plötzlich schreibe und was mich zu diesen Gedankengängen angeregt hat. Ja, ich weiß es eigentlich selber nicht. Vielleicht ist es das immer mehr zur Gewißheit werdenden Gefühl, daß die Tätigkeit in meinem Urlaub *umsonst* war. Das niederschlagende »zu spät« steht über ihr geschrieben. Doch ist die letzte Hoffnung noch nicht zerronnen. Nur die Zielstrebigkeit weicht bei immer größeren Belastungsproben – die durch wachsende Schwierigkeiten hervorgerufen werden – einer belastenden Ungewißheit.

Obwohl Oertzen nur mühsam seine Enttäuschung über die gescheiterten Staatsstreichpläne verbergen kann, beläßt er es gegenüber seiner Verlobten nur bei Andeutungen. Auch bei der Heeresgruppe schweigen die beteiligten Offiziere. Der in dieser Zeit zur Heeresgruppe abkommandierte Offizier Gert Sailer erinnert sich:

Major i.G. Gert Sailer

Ich kam im Herbst 1943 in die Führungsabteilung der Heeresgruppe Mitte zur weiteren Generalstabs-Ausbildung von der Kriegsakademie. Mein Kommando war auf drei Monate begrenzt. Als Frontoffizier (vorher Chef einer Panzer-Pionier-Kompanie) hatte ich vorher keinen der im Stab tätigen Generalstäbler oder sonstigen Offiziere je kennengelernt. Daß man von den Führungsqualitäten Hitlers bei diesem Stab nicht viel hielt, hat mich nicht besonders überrascht, da man auch unter den näheren Kameraden bei der Fronttruppe spätestens seit der Katastrophe vor Moskau (1941) ziemlich offen sprach. Völlig ahnungslos war ich mitten in den engsten Kreis der späteren Verschwörer Tresckow, Voß, Schlabrendorff, Oertzen, Eggert und andere geraten, die ich auch im Führungskasino oder bei der dienstlichen Arbeit alle kennen und schätzen lernte. Von keinem erhielt ich jedoch jemals einen Hinweis oder auch nur die Frage, wie ich zum Nationalsozialismus stand; dazu waren alle viel zu vorsichtig. Ich hatte alle Teilbereiche der Führungsabteilung zu durchlaufen. So vertrat ich den O1 [1. Ordonnanzoffizier, LBK] während seines Urlaubs, war dem Ia Voß zugeteilt, ebenso auch Major i.G. von Oertzen.

Der berichtet weiter über seinen Alltag und die regelmäßigen Ausritte, auf die die Stabsoffiziere trotz der Frontlage nicht verzichten wollen.

24.10.43

Meine geliebte Ania.

Heute bekomme ich Deinen Brief aus Berlin und bin nun – da ich die Gewißheit habe, daß wir uns hätten sprechen können – sehr betrübt, daß es nicht gelungen ist. Was war denn Wichtiges, das Du mündlich hättest besprechen wollen? Schön zu wissen, daß nun auch Deine Großmutter unter Dach und Fach zu kommen scheint. So kommt ein Stein zum anderen, bis das Haus fertig ist. Und es muß so bald wie nur möglich fertig werden. Ich kann zwar nicht in die Zukunft sehen, aber ich weiß, daß wir keine Zeit zu verlieren haben.

Heute machte ich einen hübschen Geländeritt beim Kavallerie-Regiment mit. So war endlich einmal wieder ein Sonntagvormittag »nutzbringend« angewandt. Das Kavallerie-Regiment ist leider selbst so gut wie zerschlagen. Von einer stattlichen Anzahl ist nur ein Häuflein von 150 Mann übriggeblieben. Die beiden Boeselager-Brüder verwundet. Gott Lob nicht lebensgefährlich. Sie wären unersetzlich.

Ende Oktober unterrichtet Hans-Ulrich von Oertzen seinen Schwiegervater über die Hochzeitsabsichten. Dieser hat weiterhin Zweifel, ob eine Hochzeit in Kriegszeiten sein muß, auch, weil er seine einzige Tochter, die ihm zudem auf dem Gut im Büro hilft, nicht verlieren möchte. Oertzen hat vor, noch im Dezember zu heiraten, will aber damit keine Konflikte riskieren, »da dies angesichts der kommenden Ereignisse untragbar wäre«, schreibt er, ohne zu sagen, was er meint. Die Hochzeitsreise soll nach Paris gehen, »der

Schwiegervater von Voß, General von Stülpnagel, spielt dort eine Rolle und könnte eventuell einen Aufenthalt ermöglichen«.

Indes erhalten die Staatsstreichplanungen einen empfindlichen Dämpfer. Generalfeldmarschall Günther von Kluge, der Oberbefehlshaber der Heeresgruppe Mitte, hat einen schweren Verkehrsunfall. Obwohl er sich bis dahin allen Versuchen entzogen hat, ihn zum aktiven militärischen Widerstand zu überreden, haben die Verschwörer – schon aufgrund seiner Position – weiterhin auf den unentschlossenen Kluge gesetzt. Doch nun fällt er aus. Sein Nachfolger wird der hitlerhörige Generalfeldmarschall Ernst Busch. Oertzen schreibt:

30.10.43

Meine über alles geliebte Ania.

Unser Feldmarschall ist vorgestern leider mit dem Wagen verunglückt und hat sich zweimal überschlagen. Seine Wiederherstellung wird acht bis zehn Wochen dauern. Ein schwerer Schlag. Busch ist sein Nachfolger.

Henning von Tresckow wiederum ist nur sieben Wochen nach der Übernahme seines Kommandos abgelöst und zum Chef des Stabes der 2. Armee an der Ostfront ernannt worden. Unverzüglich versucht er, einen Teil seiner Vertrauten zum neuen Kommando zu holen, darunter Schlabrendorff. Oertzen ist noch nicht dabei. Gleichzeitig gehen die Vorbereitungen für ein Attentat auf Hitler weiter. Im November hilft Oertzen in Minsk dem von Helmuth Stieff, Chef der Organisationsabteilung im Generalstab des Heeres, geschickten Oberleutnant i.R. Albrecht von Hagen, bei einem Pionierbataillon Sprengstoff für eine Bombe zu besorgen. Seine nachlassende Begeisterung für den Krieg kann er kaum noch verbergen.

10.11.43

Meine geliebte Ania.

Heute ist die Bestätigung gekommen, daß ich bis Ende März in meinem jetzigen Posten verbleiben werde. Das ist mir nicht unlieb, denn – ich muß es zu meiner Schande gestehen, auch Dir gegenüber, trotzdem ich mich Dir als ein Held aufspielen sollte – ich habe keine großen Intentionen mehr nach militärischen Heldentaten. Wenn ich an die Zeit zurückdenke und besonders, als ich in Halle saß, erkenne ich mich nicht wieder. Damals konnte ich kaum still auf einem Stuhl sitzen, wenn ich von Kampf und Orden hörte – heute läßt es mich kalt. Allmählich wird man eben vernünftiger und für den Staatsdienst geeigneter. Dem armen Boeselager geht es gar nicht gut. Man hat ihm seine Oberschenkelwunde kreuz und quer aufgeschnitten und Kanülen hineingesteckt. Dazu hat er dauernd Fieber, weil er nicht bei seinem Regiment sein kann. Ich besuche ihn häufig im Lazarett, bin aber immer wieder froh, wenn ich heraus bin, denn es ist dort zu viel menschliches Elend zu sehen.

16.11.43

Meine über alles geliebte Ania.

Deinem Vater habe ich heute die Antwort auf seinen Brief geschrieben: Mein oberster Grundsatz sei immer gewesen, Glück in sein Haus zu bringen und nicht etwa Interessenskonflikte, »nagende Gedanken und Überlegungen« und andere unerfreuliche Dinge mehr, auf die man im Kriege gut verzichten kann. Nie würde ich mein Glück, mit Dir die Ehe einzugehen, im Krieg mit seinem Widerspruch und den damit verbundenen Auswirkungen auf Dich erkaufen. [...] Nun zu Deinem Haupteinwand, der allein von Deinem Vater stammt und den ich nicht anerkenne: Ist es zu verantworten, in diesen ernsten Zeiten Kinder in die Welt zu setzen. Würde diese Frage immer mit voller Vernunft beantwortet, dann sehe es um uns schlecht aus. Ich zum Beispiel wäre auch nicht geboren worden. Ist es nicht gerade in uns Menschen eingewurzelt, gerade in Tiefzeiten des Lebens den stärksten Lebenswillen zu bekunden? Wo kämen wir hin, wenn wir in die Zukunft sehen könnten. Der wird sein Leben richtig leben, der die Zeit nutzt und nichts versäumt. Das muß kein Zeichen von moralischem Tiefstand sein. Das ist nur natürlich. Auch die Natur wählt hier den allein richtigen Weg. Da kommt auch die menschliche Vernunft nicht gegen an! Was hat denn zum Beispiel meiner Mutter die Kraft gegeben, das zu leisten, was sie geleistet hat: nur ihr Kind, die Sorgen, die Kraft, der Wille um das Kind. Das hat sie mir oft genug gesagt. Und wie glücklich war sie dabei. Stolz, furchtlos, ehrlich und treu ist sie ihren Weg gegangen. Ihr Tod hat allen Menschen um sie herum gezeigt, daß hier ein Mensch gegangen war, der in seiner Reife, Erkenntnis und in seinem Wissen zu beneiden, in seiner Größe zu bewundern war. – Ja, und fragt man nach dem Lauf ihres Lebens, dann findet man, daß es eigentlich nur aus Leid, Kummer und Sorge zusammengesetzt war. Trotzdem ist ein immer froher und glücklicher Mensch vor einem gestanden, bei dem viele andere, denen »es viel besser ging«, Zuflucht und Zuspruch suchten. – Nein Ania, das Leben geht dahin, ob wir ihm mit oder ohne Vernunft entgegentreten. Andere Werte bestimmen unser Auf und Ab.

Also, mein Geliebtes, Kopf hoch, keinen Moment das Vertrauen und die Hoffnung verlieren!

22.11.43

Meine geliebte Ania.

Deine Wünsche über meine militärische Verwendung finde ich doch bei allem Wohlwollen etwas eigenartig. Kartoffelschäler in einem Lazarett? Diesem Beruf wollte ich mich allenfalls nach Ende des Krieges zuwenden. Zur Zeit sind mir meine »gepflegten« Pfoten zu schade, und dazu noch bin ich dem Umgang mit russischem Küchenpersonal nicht gewachsen.

28.11.43

Meine Ania.
Heute am Adventstage will ich versuchen, Dich fernmündlich zu erreichen. Hoffentlich gelingt es. Ich komme gerade von einer sehr schönen Feierstunde, die unser Dekan veranstaltet hat. Er sprach so offen, daß man Angst bekommen konnte. Desto eindringlicher war sein geistiger Zuspruch, der willkommen aufgenommen wurde. Tresckow ist heute hier. Er ist krank und sah nach seiner anscheinend sehr schweren Regimentskommandeurszeit schlecht aus. Hatte eine ganz spitze Nase.

Anfang Dezember befindet sich Hans-Ulrich von Oertzen auf einem zweitägigen Lehrgang mit Offizieren anderer Einheiten in Ostpreußen. Von dort schreibt er Ingrid mit ironischem Unterton:

6.12.43

Meine Ania!
Gestern war nun noch das große Fest mit »großem« Löffel oben drauf. Es wurde kräftig in Kameradschaft gemacht und auf die Pauke gehauen. Das wesentlichste der zweitägigen Besprechung wurde auch erreicht: Wir wurden uns darüber einig, daß nicht von unserer Unfähigkeit, sondern von anderen, uns gemeinsam bedrückenden Komponenten die Unverständlichkeit der meisten Dinge abhängig ist. Es bedarf in diesen Gedankengängen immer wieder der auswärtigen Bestätigung, denn sonst verfällt man doch zu oft in den alten Fehler, auf die falschen Leute zu schimpfen. […] Der erste große Bombenangriff auf Berlin hat anscheinend unser Nachkommando völlig zerplatzen lassen. […] Es scheint von der Reichshauptstadt nicht mehr allzuviel zu stehen. Leider habe ich vor drei Tagen den Film »Großstadtmelodie« versäumt, in dem Berlin noch einmal als alter Ort zu sehen war. Aber zwei Jahre nach Kriegsende ist ja alles wieder aufgebaut. Da braucht man ja gar keine Sorgen haben.

12.12.43

Meine geliebte Ania.
Deine Stimmung war traurigerweise mehrfach auf Tiefpunkten angekommen, wie ich aus Deinen Briefen entnehmen konnte. Wie gern möchte ich Dich trösten oder Dir Mut zusprechen, aber was nützt die ganze schöne Absicht, wenn wir so weit voneinander getrennt sind. Man muß eben die Sehnsucht im täglichen Einerlei totschlagen. Nur in unseren Briefen dürfen wir uns unser Herz ausschütten, und das tut auch schon sehr gut. Hab nur keine Sorge, daß sich Dein Kummer auf mich übertragen könnte. Ich weiß, wie es in Deinem und auch meinem Inneren aussieht. Die Auswirkungen dieser »Innenansicht«

Frohe Weihnacht — Rußland 1943

17. 12. 43.

Meine Ania.

Nun nähert sich dieses für uns so ereignisreiche und schicksalhafte Jahr seinem Ende und Weihnachten steht vor der Tür. Wenn ich vom Weihnachtsfest des vorigen Jahres ausgehe und meinen Blick durch dieses Jahr bis heute schweifen lasse, dann stehen die wenigen positiven und erfreulichen Ereignisse doch turmhoch über den Massen der Ärgernisse und Trübsale. Vorige Weihnachten war ich bei Włocławek und bekam von Dir mein erstes Geschenk. Die Mutter war damals noch alles zwischen uns beiden und wir gleich fühlten wir andrerseits. 4 Monate mußten wir uns schreiben und unser Herz ganz verborgen in unseren Briefen durchschimmern lassen, denn „der Anstand und die gute Erziehung" verlangte es so. Erst Ende Mai gelang mir der Absprung und ich brach in Berlin ein. Dann kam alles so schnell, daß

dürfen niemanden wundern! Vielleicht wirkt sich die spätere Einsicht unserer Mitmenschen noch einmal auf uns erfreulich aus.

Komme ich in Bellin noch unter, wenn die vielen Gäste eingefallen sind? Ich schlafe notfalls in einer Badewanne oder im Weinkeller! Die Hauptsache ist, daß ich einmal wieder richtig schlafen kann. Augenblicklich bin ich etwas überreizt und träume unruhige wilde Sachen.

23.12.43

Meine Ania.

Deine Passion, zu schenken, ist mir bisher verborgen geblieben. Deine Briefschreib-Wut hängt vielleicht auch damit zusammen. Ich werde für alle Fälle ein Sonderkonto zur Deckung der Geschenkschulden anlegen! Wenn Du schreibst, daß unsere Kinder hoffentlich nicht dieses Laster erben und mir damit keinen Kummer bereiten, willst Du doch nicht damit ausdrücken, daß es Dir nichts ausmacht. Feine Mutter das! [...] Morgen ist nun Heiliger Abend. Ich werde unter anderem mal einen halben Tag mit Arbeit völlig aussetzen. Das habe ich mir fest vorgenommen. Abends wird dann Dein Brief gelesen – worauf ich mich schon ganz besonders freue – und Belliner Braut-Gebäck gegessen. Kleist, Voß und die vielen anderen, die bereits wieder davon gekostet haben, sind einstimmig der Ansicht, daß das Mädchen heiraten dürfe. Eine größere Anerkennung kann es ja eigentlich nicht geben.

24.12.43

Meine über alles geliebte Ania.

Schnell habe ich mich von unserer Weihnachtsfeier zurückgezogen, um Dir von ganzem Herzen zu danken. Nicht nur Dein Brief war bei mir, Du warst es selber. Nun sitze ich in meinem Arbeitszimmer bei Deinen Kerzen. In einer von mir nachdrücklich hergestellten Dienstpause las ich – ganz wie Du es mir aufgetragen hast – bei Kerzenlicht und in weihnachtlicher Stimmung Deinen Brief. Ich muß das auch für fremde Besucher so intensiv und konzentriert getan haben, denn Eggert sagte mir gerade, er habe mich sitzen sehen und wäre ob meiner Andacht auf Zehenspitzen wieder aus dem Zimmer geschlichen. Ich habe ihn gar nicht gehört! [...] So habe ich durch Deinen Brief mit Dir Verbindung aufgenommen und lebte in einer anderen Welt, einer Welt, die einmal uns beiden gehören wird und muß. Oberst von Kleist muß wohl vorhin beim Essen meine Gedanken erraten haben, als er mir zutrank und sagte: »Ich trinke auf Ihre Familie!«

26.12.43

Meine geliebte Ania.

Morgen wollen wir alle Skilaufen. Zuerst soll es im Schlepp eines Panjeschlittens auf benachbarte Höhen gehen. Wir haben ein Gelände in der Nähe, das sich ganz nett zum Abfahren eignet. So wird der corpus delicti etwas auf Schwung gebracht und der Weihnachtsspeck abtrainiert. Ania, dabei fällt mir ein: Wenn Du Deinen Stolz darin sehen solltest, Deinen Mann fett zu füttern, heirate jemand anderen! Achte darauf: »Der wahre Adel hält auf Linie, und nur der Pöbel ißt sich satt!« (Ein Spruch, der bei uns im Casino bemerkenswertes Aufsehen erregte.)

27.12.43

Meine Ania.

Wie bin ich gespannt zu erfahren, auf welche Art und in welcher Stimmung Du den Heiligen Abend verbracht hast. Nun ist er vorübergegangen, und wir haben ihn überstanden, auch ohne beisammen gewesen zu sein. Eigentlich ist das ja erstaunlich, nachdem vorher anzunehmen war, daß uns die Sehnsucht zerreißt.

Eure Hasenchasse reizt mich ungeheuer. Wir haben hier einen Versuch gewagt, ich war einmal wieder nicht dabei, aber es lohnt sich nicht. Nur wenige Kreaturen beleben dieses Rußland, in dem jeder Kerl alles Wild totschlagen konnte und sich selbst einverleibte. Die landwirtschaftliche Karte von Bellin ist wohlbehalten angekommen. Ich danke Dir, mein kleiner Forsteleve. Nun kann ich meine Fahrten im Geist mit Dir auch über die Felder machen: eine große Bereicherung meines Programms. Sag mal, woher kannst Du nur so herrlich Kuchen und ähnliche kleine Schweinereien herstellen. Ich esse, wenn ich einmal damit begonnen habe, unentwegt diese herrlichen Dinger. Im wohltuenden Gefühl der durch den Magen gehenden Liebe schmeckt es wahrscheinlich noch einmal so gut. Verwöhne mich bitte nicht zu sehr. Wenn Du eines Tages mit diesen Wohltaten aufhörst, springe ich Dir ab!

30.12.43

Meine Ania.

Ich bekomme hier nur dann im Januar, Februar oder März längeren Urlaub (über 10 Tage), wenn ich von diesem Urlaub als Ehemann zurückkomme. Kann ich diese Gewähr nicht übernehmen, so wird es mir gelingen, über 3–4 Tage Ende Januar oder Februar zu kommen. Der Grund hierfür ist darin zu suchen, daß jeder Ostkämpfer nur alle 8 Monate einmal auf längeren Urlaub fahren darf. [...] Ohne Sicherheitsfaktor lassen sie mich hier nicht weg, besonders, da ich keinen eingearbeiteten Vertreter habe. [...] General Röhricht, mein alter väterlicher Freund, war jetzt bei Tresckow und sprach dort zufällig über mich und auch unsere Sorgen. Tresckow versprach daraufhin, alles zu tun, um unseren gemeinsamen Wunsch zu erfüllen und zu helfen. Und das will viel heißen.

In Wirklichkeit geht es in dem Gespräch zwischen Tresckow und Röhricht vor allem um die Staatsstreich- und Attentatspläne. Tresckow versucht, Oertzens Freund für den geplanten Umsturz zu gewinnen. Röhricht hat inzwischen den Rang eines Generalmajors und die Führung des 22. Armeekorps übernommen. Tresckow unterrichtet ihn über die bisherigen Aktivitäten der Heeresgruppe und nennt auch den Namen Hans-Ulrich von Oertzen, woraufhin Röhricht, wie er in seinem Tagebuch schreibt, »erblaßt«. Doch er weist Tresckows Ansinnen zurück, vor allem, weil ihm seine Antworten auf die Fragen zu vage erscheinen, wie nach einem Attentat der gesamte politische und militärische Apparat ausgeschaltet und die Bevölkerung gewonnen werden soll. Über seine Zweifel will General Röhricht auch mit Hans-Ulrich von Oertzen sprechen, den er unmittelbar nach der Unterredung mit Tresckow besucht.

Obwohl Röhricht bei diesen Gesprächen von den Staatsstreichplänen erfährt, behält er die Informationen für sich. Zur eigenen Sicherheit bewahrt er die unmittelbar nach dem Disput mit Tresckow niedergeschriebenen Notizen über die Treffen in seiner Heilbronner Wohnung in einem alten französischen Konversationslexikon auf.

Edgar Röhricht

Dezember 1943 – Der Rückflug am anderen Morgen mußte in Pinsk unterbrochen werden, eine mehr polnisch als russisch wirkende Kleinstadt, die einen verlassenen Eindruck machte. Es gab dort eine Art Hotel, wo man, sich selber überlassen, zeitig zur Ruhe gehen konnte.

Und trotzdem war für mich die Nacht nicht sehr erquicklich. Immer schon hatte ich damit gerechnet, daß bei den sich türmenden Schwierigkeiten, die in unser wankendes Gebäude geraten waren, eines Tages, durch irgendein Ereignis ausgelöst, die Stichflamme hochschoß, um zu zünden. Was mir Tresckow enthüllt hatte, konnte als Vorbereitung zu einer planmäßigen Aktion gedeutet werden, soweit es sich um die ersten Schritte handelte. Und verstrickt in das Komplott, Vertrauter eines der führenden Köpfe, der junge Oertzen!

Klar und sicher war der vorwärtsdrängende kluge Junge inzwischen seinen Weg gegangen, keine Stufe überspringend, doch sie alle in gutem Tempo durchlaufend. Rasch aus dem Durchschnitt des Nachwuchses herausgehoben, hatte sich der Generalstabsmajor, noch nicht neunundzwanzigjährig, durch sein organisatorisches Geschick bei der Auffrischung abgekämpfter Verbände bereits einen Namen gemacht. Auch die Verlobung mit der Erbin eines beachtlichen Grundbesitzes paßte ins Bild. Im März sollte die Hochzeit stattfinden.

Der Kontakt war nie abgerissen, wenn wir uns auch, den Kriegsverhältnissen entsprechend, nur noch seltener begegnet waren. Und nun die bestürzende Feststellung, daß der sonst so instinktsichere Ulrich in dem abenteuerlichen Kurs seines neuen Freundes Tresckow schwamm!

Der Flug zur Heeresgruppe nach Minsk fand unter ungünstigen Witterungsverhältnissen statt. Als man schließlich doch glücklich angelangt war, fegte ein orkanartiger Wind über den Landeplatz, so daß man bei der Bodenglätte Mühe hatte, sich aufrecht zu halten. In dem eben wieder einsetzenden Schneetreiben näherte sich ein Wagen, dem ein jugendlicher Offizier im kurzen Pelz entsprang.

»Hallo, da seid Ihr ja endlich!«

Beim Händeschütteln blickte ich in das frische, unbekümmerte lachende Gesicht unter der knapp anliegenden Pelzkappe. [...]

Ulrich drängte zum Dienst. »Ihr hattet fast zwei Stunden Verspätung. Heute abend bist Du Gast des Feldmarschalls. Sei vorsichtig mit politischen Äußerungen, Du bist bei Busch schon einmal unliebsam aufgefallen. Sein Begleitoffizier ist der Sohn eines hohen SS-Führers. Und auch Krebs, unser Chef, Dein alter Bekannter, ist mit einiger Vorsicht zu genießen. Sieh zu, daß Du Dich frühzeitig loseisen kannst. Sehr erquicklich ist ja der Kreis um den OB sowieso nicht. Und dann will ich ja auch noch was von Dir haben. Wer weiß, wann wir uns wiedersehen!« [...]

Die Häuser der Führungsabteilung lagen verstreut unter hohen, alten Bäumen. Ulrich bewohnte einen schmalen Raum neben der Flucht der Geschäftszimmer. Der Platz reichte gerade für Feldbett, Holztisch und Stühle.

Der glückliche Bräutigam schob einen Silberrahmen in den Lichtkreis der Lampe. »Leider kennst Du Ina [Übermittlungsfehler: Oertzen nennt seine Verlobte Ania, LBK] bisher nur vom Bild. Aber im März mußt Du bestimmt zur Hochzeit kommen!«

Da stand nun der Sorgensohn vor mir, schlank von Gestalt, nicht besonders groß und noch immer nicht ganz männlich wirkend, trotz der geflochtenen Achselstücke samt Karmoisinstreifen. »Die Buben sollen nicht heranwachsen dürfen!«

»Das könnte Euch so passen!«

»Ach, Ulli, Du machst mir das Herz schwer!«

»Dann hat also Tresckow mit Dir gesprochen?«

Seltsam, wie sich auf das Stichwort hin das eben noch so junge Gesicht verwandelte! So lebte also auch er schon in zwei Welten, die beide sich ausschlossen, in der Hoffnung auf ein frohes Leben an Inas [Anias] Seite und daneben in der dunklen anderen.

Während sich nun auch Ulrich niederließ und schweigend den Blick gesenkt hielt, begann ich leise zu sprechen. »Die Situation, in der wir uns befinden, ist ja nicht neu. An Überlegungen, sie gewaltsam zu ändern, hat es auch früher nicht gefehlt. Immer war es der Sprung über die letzte Hürde, der nicht gewagt wurde. Das lag keineswegs nur an den Reitern.

Selbst wenn es jetzt einer schaffen sollte und er vielleicht auch noch einige seines Kreises mit hinübernimmt, das Feld wird ihm nicht folgen!«

»Dann soll also alles so bleiben?«

»Was ich bisher erstaunlich fand, war die Sicherheit Deines Instinktes, mit der Du Dich überall zurechtfandest und jeder Lage ansahst, was sie hergab. Verstehe mich nicht falsch: Daß Ihr im vergangenen Jahr aus plötzlichem Entschluß die Pistolen in die Tasche stecktet, ist mir als Temperamentshandlung voll erklärlich. Aber die Aktion, die mir da angedeutet wurde, soll ja nicht nur den Stein des Anstoßes aus dem Wege räumen, sie geht offenbar aufs Ganze. Die Durchführung des Staatsstreiches, nicht bloß sein Auftakt, das war das Hindernis, an dem bisher alle Projekte und Überlegungen scheiterten, weil zur Lösung dieser Aufgabe die Voraussetzungen fehlten.

Ich vermag nicht zu beurteilen, ob das diesmal anders ist und wie weit die Vorbereitungen dafür gediehen sind, aber ich kenne das Milieu genügend und auch den einen oder anderen der wahrscheinlich beteiligten Persönlichkeiten.«

Ulrich schlug die Augen auf. »Du hast mich in den Sattel gesetzt und zu dem gemacht, der ich bin, das vergesse ich Dir nie, aber reiten muß ich selber!«

»Ich bin der letzte, der Dich daran hindern will. Trotzdem, mein Junge, bin ich heilfroh, Dich hier an der Front zu wissen, wo es genügend andere Koppelricks gibt, an denen Du Dich erproben kannst.«

»Den Trost muß ich Dir leider nehmen!« Ulrich senkte wieder den Kopf. »Dazu stecke ich schon zu tief in dem – Geschäft. Auf Tresckows Veranlassung war ich des öfteren unterwegs, um an bestimmten Vorbereitungen mitzuwirken und Fäden zu knüpfen, wobei ich überall auf Verständnis traf.«

»Das Du heute bei mir nicht fandest!« Ich beugte mich vor. »Ulli, Du hast früher einmal große Rosinen im Kopf gehabt und einen vielversprechenden Start genommen. Nun brichst Du aus Deiner Linie aus, weil Dich Tresckow, in seine nicht zu Ende gedachten Ideen verrannt, zur Gefolgschaft veranlaßte. Dort auf dem Tisch steht ein Bild, und wie begeistert sprachst Du vorhin von Eurem künftigen Besitz! Wie reimt sich das auf andere Pläne?«

»Ina [Ania] billigt meine Haltung.«

»Der Mann, der den Schuß tut, wird zweifellos eine weltbekannte Figur, Hitlers Bedeutung wegen, nicht um seiner eigenen willen! Ist das Dein Ehrgeiz? Denn was seid Ihr denn anderes als Handlanger allenfalls, die ersten Opfer vermutlich. So oder so, die Früchte genießen andere, voraussichtlich vorerst Herr Himmler [Heinrich Himmler, Reichsführer SS; LBK]. Außerdem gibt der erste Schuß das Feuer aller gegen alle frei, auch das dürft Ihr nicht vergessen!

Und auf diesem Gebiet sind wir der robusten Konkurrenz bestimmt nicht gewachsen!

Verstehe mich nicht falsch: Ich spreche nicht etwa vom Eid! Seine Voraussetzungen sind auf der Gegenseite längst entfallen, aber es bestehen ja noch andere Bindungen!

Meinethalben auch darüber den Schwamm! [...] Ulli, Du erwähntest vorhin den Weg, den wir beide eine gute Strecke gemeinsam gegangen sind. Du hast mir dabei bestimmt mehr gegeben als umgekehrt. Aber wenn ich zum ersten Male eine wirkliche Bitte an Dich richte, könntest Du sie mir nicht doch erfüllen, trotz allem? Du weißt, daß Schmundt im Führer-Hauptquartier, mein alter Freund, zugleich Chef des Personalamtes ist. Ich brauchte mit ihm nur ein Ferngespräch zu führen, dann säßest Du innerhalb einer Woche am andern Ende Mitteleuropas.«

»Warum bedrängst Du mich so!«

Ich antwortete nicht.

»Du warst von Anfang an Skeptiker, das weiß keiner besser als ich. Du hast Dich ein Jahrzehnt lang durch diese Dinge hingequält, und Dein Weltbild neigt ja auch sonst zum Pessimismus. Ich aber bin anfangs mit Begeisterung in die neuen Verhältnisse hineingewachsen und mußte dann einsehen, daß alles ein ungeheuerlicher Irrtum war. Gerade deshalb kann ich mich jetzt nicht einfach damit begnügen, es hinzunehmen. Edgar, ich bin jung! Und gerade weil mit Ina [Ania] eine Zukunft auf mich wartet, wie ich sie mir nicht erträumen konnte, darf ich nicht länger tatenlos zusehen.« Seine Finger spielten mit dem alten Wappenring. »Dein Verstand will uns keine Chance geben, meiner sträubte sich anfangs auch dagegen, aber das darf jetzt nicht länger ausschlaggebend sein, zumal wir Oertzens unserm Land und Volk Jahrhunderte in Ehren gedient haben, das bindet auch mich. Außerdem wird der Sprung doch einmal gewagt werden müssen. An solchen Bruchpunkten geht es immer ins Ungewisse. Ich aber glaube an den Erfolg!«

»Und ich höre Tresckow sprechen. – Also, mein Junge, brechen wir ab! Die Nacht schreitet fort, und jeder Tag bringt seine eigene Sorge. Du bist ja auch im Dienst und ich nur auf Reisen.« Abschiednehmend glitt mein Blick in der dürftigen Wohnung umher und blieb auf dem noblen Gesicht liegen, mit dem noch immer jugendlichen Mund. Langsam erhob ich mich. »Sehen wir uns noch vor meiner Weiterfahrt?«

»Aber selbstredend!«

»Die Küken wachsen heran, und wir sind älter geworden, das ist der Lauf der Welt.«

Ulrich war dicht an mich herangetreten, wie er es als Knabe getan, wenn er eine besondere Bitte auf dem Herzen hatte. »Und zwischen uns bleibt alles, wie es immer war?«

»Ja, wieso denn nicht?«

Und während ich durch die Nacht zurück zum verschneiten Schlafwagenwäldchen fuhr, dachte ich: »Ob es ein Glück für Dich war, daß Du mich damals trafst?«

Das Jahr 1944

Die ersten Tage des Jahres 1944 verbringen Hans-Ulrich von Oertzen und seine Braut vor allem damit, den »Dornenweg« der Hochzeitsvorbereitungen zu beschreiten. Dabei sind die Einladungen und die Abstimmung über die Feier noch das geringste Problem. Neben dem unentschlossenen Vater ist die Unabkömmlichkeit an der Front das größte Hindernis. »Die Hochzeit wird kommen«, schreibt Oertzen trotzig. Zudem kündigt sich eine Versetzung in eine andere Einheit an. Vorher will er dem Bruder seines Freundes Godin helfen.

1.1.44

Meine über alles geliebte Ania.

Ich weiß immer weniger, wie ich Dir für alles das danken soll, was Du mir an Liebe, Vertrauen und Hoffnung entgegenbringst. [...] Ich habe Dir zum neuen Jahr keinen besonderen Glückwunsch übermittelt. Ich will keine Sprüche über ein Jahr machen, das so dunkel vor uns liegt und das wir auch durch kurzsichtigen und verblendeten Optimismus nicht erhellen können. Dein Wunsch ist der meine und mein Wunsch der Deine. Was können wir uns Schöneres für ein neues Jahr wünschen? Und nun zu dem Weihnachtspäckchen. Soviel übermenschliche Liebe und Sorgfalt liegt darin. Wie soll ich Dir nur danken. Natürlich wird der arme Generalstabskopf entlastet und bekommt beim Anblick und der »Betätigung« Deiner Sachen andere Gedanken eingeflößt. Was hast Du alles hineingelegt, um mich zu überraschen. Wo hast Du nur die Mittel und Kenntnisse her? Du bist eine wirkliche Künstlerin! Unsere armen, unglücklichen Kinder werden wohl, wenn die Anlagen meiner Mutter noch dazukommen, mit Pinsel und Malkasten geboren werden!

Es ist schrecklich mit mir Ania. Mir fallen schon wieder die Augen zu. Ich beschimpfe mich dauernd wegen des Mangels an Beherrschung, aber es ändert sich dadurch nur wenig.

6.1.44

Meine Ania.

Gerade habe ich eine große Schreiberei um den zweitältesten Sohn Godin abgeschlossen, den »sie« nun trotz fehlenden Auges und sonstiger Gebrechen zu den Preußen geholt haben. Ich will ihn hierher heranziehen und in meiner Nähe vor kriegerischen Einflüssen bewahren. Hoffentlich gelingt es.

13.1.44

Meine geliebte Ania.
Die letzten Tage waren für mich besonders sauer, und die nächsten werden es auch bleiben. Voß und Eggert sind auf Urlaub, und auf mich bricht daher alles herein. Hin und wieder versuche ich, mich sportlich zu betätigen, indem ich skilaufe. Die Auswirkung aber einer ausgefallenen Stunde Nachmittagsschlaf bringt mich so aus dem Gleichgewicht, daß ich den Nachmittag und Abend anschließend einfach nicht mehr richtig durchstarte. Bisher ist es mir gelungen, immer noch unter der Grenze einer offensichtlichen Nervosität und Fahrigkeit zu bleiben. Übernehme ich mich aber etwas, muß ich es gleich anschließend büßen. So ausgehöhlt ist die »Figur« also schon. Ein trauriges Zeichen.

16.1.44

Meine geliebte Ania.
Gestern abend war sogenannter Herrenabend. Der Chef, der normalerweise beim Feldmarschall ist, setzte sich in unsere Runde. Da er eine ungeheuer scharfe Zunge hat, wurde der Abend sehr lustig. Am nächsten Tag hat man ja immer einen moralischen Kater, wegen des dem Ernst der Lage wenig angepaßten Verhaltens. Würde man aber das Lustigsein aufgeben, so müßte man damit den Hauptmotor abstellen. [...] Alle Menschen in Deutschland scheinen mit sich so beschäftigt zu sein, daß sie nicht einmal mehr zum Briefeschreiben kommen. Ich habe außer von Dir seit Wochen von niemand anderes Post. So sehr das auf der einen Seite bezüglich der Briefschulden beruhigt, so sehr muß es doch Wunder nehmen. Es ist eben eine typische Erscheinung der zunehmenden Ausgelaugtheit. Wie lange wird es wohl nach Kriegsende dauern, bis die Menschen wieder einigermaßen normal sind?

Oertzen bekommt nach diesem Brief doch wieder häufiger Post, zum Beispiel von seiner Tante Augusta von Oertzen. Was die Verwandten und Bekannten berichten, erschüttert den Offizier. Viele von ihnen sind ausgebombt und irren in Deutschland umher. Eine solche Situation scheint für ihn trotz seiner Kriegserfahrungen schwer vorstellbar. Auch an der Front registriert er Veränderungen. Der Alkoholkonsum in der Truppe nimmt zu – bis in die Führungsspitze, wie Oertzen moniert. Daneben ist er immer noch damit beschäftigt, Urlaub für die Hochzeit zu bekommen. Bei einer kurzen Dienstreise zum Oberkommando des Heeres nach Berlin hatte er sich mit Ingrid und seinem zukünftigen Schwiegervater getroffen und es geschafft, ihn endgültig umzustimmen. Bei aller Freude wirkte der Besuch auch ernüchternd, »als wir in Berlin das ganze Elend des Krieges sehen mußten«, schreibt er Tage später an seine Braut. Doch er ist entschlossen.

25.1.44

Mein Anialein.

Ich komme immer mehr zu einem Entschluß: trotz allem zu heiraten! Was sind das wieder alles für Komplikationen? Je länger wir warten, desto verworrener wird die Sache. – Nun wissen wir eins: Ob Du als Braut oder Strohwitwe in der Sch... bist, ist gleichgültig. Da ist der wesentlichste Punkt des ganzen Briefes. Alles andere ist immer sonnenklar gewesen. Erstens: Uns ist es nichts Neues, daß sich eine Ehe besser einspielt, wenn die beiden Ehepartner beisammen sind. Wir kennen die Schwierigkeiten einer getrennten Ehe. Wenn wir sie für unüberwindbar halten sollten, wäre es besser, gar nicht zu heiraten. Wir aber, glaube ich, kennen uns gegenseitig besser, als man es normalerweise in so einer kurzen Zeit tut, und wir haben den guten Willen. Wir sind offen zueinander und wollen es bleiben. Überschwenglich und blind sind wir auch nicht mehr. Zweitens: Die Ehe im Krieg ist immer ein Risiko. Wohin die Entwicklung geht, bleibt unklar. Wären wir alt und verknöchert, würden wir das Risiko nicht eingehen. Warum sind wir aber jung? Besinnen wir uns auch einmal auf die damit verbundenen Vorteile.

27.1.44

Aber Ania.

Der neue Ordonnanzoffizier ist da. Ein Muster »Marke Leistungsprinzip ohne Charakter«. Er scheint mir für meine sehr unvorsichtige Ausdrucksweise etwas gefährlich. Natürlich ist er zu klug, um sich (und uns) etwas anmerken zu lassen. Es ist nun einmal nicht angenehm, einen Politiker in der Familie zu haben. Aber keine Angst, ich werde ihn schon aussegeln.

29.1.44

Meine geliebte Ania.

Die Chancen für meinen Urlaub fallen und steigen ständig. Wenn ich erst einmal in Bellin bin, werde ich Dir die Gründe erzählen. Tresckow geht am 8.2. für einige Tage nach Hause, um seine Söhne, bevor sie Soldat werden, noch einmal zu sehen. Vielleicht gelingt es ihm, mich hier loszueisen.

3.2.44

Meine über alles geliebte Ania.

Tresckow ist heute bei uns. Ich habe mich lange mit ihm über unser Problem unterhalten. Wir sind beide zu dem Ergebnis gekommen, daß der Hauptgrund für die Abneigung Deines Vaters, uns unseren sehnlichsten Wunsch zu erfüllen, neben vielen kleinen Gründen, die Sorge um unsere Kinder oder um unsere werdenden Kinder ist. Das ist ja auch nicht unberechtigt angesichts der kommenden Ereignisse. Wären diese Hauptbedenken nicht vorhanden, würde er wohl nicht so sorgenvoll und unnachgiebig sein. [...] Wenn also dieses wirklich der springende Punkt ist, was ich annehme und auch aus mehreren Gesprächen mit Deinem Vater herausgehört habe, dann können wir ihn beruhigen. Daß wir vernünftig sind, haben wir, glaube ich, mehrfach bewiesen, wir werden ihn auch hierin nicht enttäuschen. Unser jetziger Zustand ist unerträglich. Es ist ein Hängen und Würgen ohne Sinn und Verstand. Das hat Tresckow auch voll zugegeben. Gern hätte er diese Gedanken mit Deinem Vater besprochen, aber es wird ihm nicht möglich sein, in seinen acht Tagen Urlaub in die Neumark zu kommen.

18.2.44

Mein Anialein.
Gestern waren alle Oberbefehlshaber beim Feldmarschall, und ich mußte einen längeren Vortrag halten. Es ist, Gott sei Dank, zu aller Zufriedenheit ausgegangen. Anschließend war die übliche, aber leider in diesem hohen Gremium wohl nicht ganz passende Sauferei. Die Maßstäbe sind im Laufe des Kriegs doch sehr andere geworden.

23.2.44

Meine geliebte Ania.
Ich bin zwar heute Nacht in einem Dir völlig unbekannten – aber auch selten eingetretenen – dafür aber reichlich angesäuselten Zustand. Warum dieser heute abend eingetreten ist, kann ich nicht mehr genau begründen. Er löst mich jedenfalls von den dienstlichen Belangen so ab, daß mir alles um mich herum restlos »schnuppe« ist. Ein idealer Zustand. Vertieft wird er nur durch Deinen Brief vom 16.2., in dem Du Dein Herz ganz tief in die Waagschale legst. Tu es bitte nicht wieder, da ich derartigen Belastungen nicht gewachsen bin. Ich kann das in mir aufkommende Glück unter den derzeitigen Bedingungen einfach nicht ertragen.

2.3.44

Meine geliebte Ania.
Heute, nachdem ich nun genau ein Jahr in unserem Stabe bin, rief das Personalamt an und teilte mit, daß ich als Korps-Ia irgendwohin versetzt werde. Der Chef war wütend, daß man ihn nicht vorher gefragt hatte und protestierte: Erstens will er mich noch eine Weile behalten, zweitens müsse ich noch unter seiner Obhut heiraten (!), und drittens hätte er mich als Divisions-Ia qualifiziert, und er wünsche, daß ich entsprechend verwandt würde. Der bei weitem wichtigste ist der Punkt 2. Unsere Hochzeit mit Urlaub ist also gerettet!

Bei den Vorbereitungen für die Hochzeit und die anschließende Reise nach Wien hilft im sogenannten Nachkommando der Heeresgruppe in Berlin Margarete von Oven, die für Tresckow ebenfalls aktiv im militärischen Widerstand arbeitet. Oven, eine enge Freundin Erika von Tresckows, hatte zusammen mit ihr im Herbst 1943 die von Stauffenberg, ihrem Mann und Oertzen aktualisierten »Walküre«-Befehle abgetippt – in Handschuhen, um keine Fingerabdrücke zu hinterlassen. Ingrid telefoniert häufiger mit Fräulein von Oven, um mit ihr Details für die Reise abzustimmen. Zur gleichen Zeit ist Oertzens Mitstreiter Hans-Alexander von Voß auf Urlaub in Wien. Da sich Generalfeldmarschall von Kluge in der Nähe von Wien bei einer Kur von seinem schweren Verkehrsunfall erholt, hat Tresckow Voß gebeten, Kluge zu besuchen und endlich zum Handeln zu bewegen – Voß hat jedoch keinen Erfolg. Nach seiner Rückkehr aus Wien gibt er dem Bräutigam Oertzen Tips für die Hochzeitsreise.

6.3.44

Meine geliebte Ania.

Heute hat mir Fräulein von Oven (Nachkommando Berlin) wenigstens mitgeteilt, daß Du mit dem Termin (23. Eintreffen, 26. Hochzeit) einverstanden bist. Nun kann ich schon drauflosarbeiten. Nur folgende Punkte hätte ich gern mit Dir besprochen:

Erstens: Wann sollen die Freunde eintreffen?
Zweitens: Burschen nehme ich nicht mit.
Drittens: Wein habe ich bisher keinen bekommen.
Viertens: Zimmer werden in Wien, Grand Hotel, bestellt. Wird klappen.
Fünftens: Schlafwagenkarten bestellt Fräulein von Oven.

7.3.44

Meine geliebte Ania.

Der gerade aus Wien zurückgekehrte Voß berichtete folgendes:

Erstens: Man kann in Wien an vielen Stellen noch sehr gut essen (aus Tirol hörte ich gerade das Gegenteil).

Zweitens: Man soll besonders Weißbrotmarken wegen der »Mehlspeisen« mitnehmen.

Drittens: Kleiderkarte soll man nicht vergessen, da es noch eine ganze Menge zu kaufen gibt (Voß kaufte einen Regenschirm. Das soll etwas ganz Besonderes sein!)

Viertens: Die Mitnahme eines Tauchsieders für alle möglichen Sachen und eines Toaströsters für die morgendlichen Frühstücke soll sich empfehlen.

Fünftens: Schlafwagenkarten für Dich und mich gibt es unter keinen Umständen. Du kannst nur eine Bettkarte (drei Betten übereinander) – ich als Dienstreisender eine Schlafwagenkarte bekommen.

8.3.44

Mein liebes Anialein.

Da neuerdings auch am Tage Angriffe auf Berlin stattfinden, empfiehlt es sich wohl kaum, über die Kapitale zu fahren: Es sind schon tolle Zustände, aber man muß eben mit den Wölfen heulen. Wenn Du etwas Wichtiges für mich hast, ist der Weg, den Du schon mit Erfolg angewandt hast – über Fräulein von Oven – der beste. Erreichst Du sie am Tage nicht, so ist sie auch morgens und abends über »Potsdam 2689« zu bekommen.

10.3.44

Meine geliebte Ania.

Heute sprach ich mit Fräulein von Oven, die mir von Deinem Anruf berichtete. Leider konnte sie meinem Wunsch nicht willfahren, nun auch wieder Dich anzurufen. Berlin ist eben so zerhackt, daß keine Ferngespräche mehr herausdürfen.

Die Hochzeit

Am 26. März 1944 wird in Bellin in der Neumark die Hochzeit gefeiert. Hans-Ulrich von Oertzen war am 23. angereist, einen Tag später luden Ingrid und er die Nachbarn der umliegenden Güter zum traditionellen »Nachbarntee« ein, am 25. fand der Polterabend statt. Ingrid trägt zur Trauung in der kleinen Dorfkirche ein hochgeschlossenes Seidenkleid mit langer Schleppe; der Schleier, der von ihrer »Schwiegermutter«, Marie Luise von Saldern, stammt, wird von einem Myrtenkranz und einem Diadem gehalten. Beim Hochzeitsessen nimmt Frau von Saldern neben dem Bräutigam den Platz seiner Mutter ein, eine rührende Geste, denn sie hätte sich sicherlich auch ihren gefallenen Sohn Sieghard, der mit Ingrid verlobt war, an »Ullis« Stelle gewünscht.

Fotos zeigen eine ausgelassene Gesellschaft, aber auch einen ungewöhnlich ernst schauenden Oertzen. Offensichtlich haben die Erlebnisse und die Anspannung Spuren hinterlassen. Kurz vor seiner Hochzeit hat Oertzen – wie beispielsweise der Historiker Peter Hoffmann in seinem Buch »Widerstand, Staatsstreich, Attentat« beschreibt – erneut an Planungen für einen Attentatsversuch auf Hitler teilgenommen.

Danach sucht er zusammen mit Tresckow Mitte März 1944 Rittmeister Eberhard von Breitenbuch auf, Ordonnanzoffizier von Generalfeldmarschall Ernst Busch, der seinen Vorgesetzten zu Hitler auf den Obersalzberg begleiten soll. Beide bedrängen Breitenbuch, Hitler in die Luft zu sprengen. Oertzen zieht einen etwa 300 Gramm leichten metallischen Sprengkörper aus der Tasche und erläutert ihm die Handhabung. Die Zündung ließe sich sicher auf ein und drei Sekunden sowie drei Minuten einstellen und per Knopfdruck auslösen. Oertzen schlägt vor, sich die Bombe vorn in die Brust zu

Das Brautpaar Hans-Ulrich und Ingrid von Oertzen mit den Angestellten auf Gut Bellin

Das Brautpaar mit den Hochzeitsgästen

Tresckows Hochzeitsbrief an Ingrid von Oertzen

stecken, sie abzuziehen und Hitler von hinten zu umarmen, bis die Explosion erfolge. Breitenbuch ist dies zu riskant, er kann die Wirkung der Mini-Bombe weder abschätzen noch erproben und will daher lieber seine Pistole für das Attentat einsetzen. Dazu kommt es nicht, weil Hitler an diesem Tag keine Ordonnanzoffiziere bei der Besprechung dabeihaben will.

Davon ahnen die Hochzeitsgäste natürlich nichts, bemerken aber eine Veränderung. »Sein Gesicht war gespannt und blaß, seine Lippen schmaler«, erinnert sich Augusta von Oertzen.

Das junge Paar reist am 27. März in die Flitterwochen nach Wien, wo Oertzen seit dem einjährigen Aufenthalt 1938 noch immer seinen Hauptwohnsitz in der Rustenschacherallee 6 hat. Sie besuchen Theateraufführungen und die Reitschule, fast erinnert nichts an den Krieg. Als die Reise fast um ist, schreibt Ingrid in ihr Tagebuch: »Das Urlaubsende naht blitzschnell wie ein Gespenst.« Nach der Rückkehr aus Wien bleiben noch wenige Tage. Oertzen besichtigt mit dem Leiter des landwirtschaftlichen Betriebes Felder und Ställe des Belliner Gutes.

Henning von Tresckow konnte aus dienstlichen Gründen ebensowenig zur Hochzeit kommen wie Oertzens väterlicher Freund aus Jugendtagen, General Röhricht. Doch schickt Tresckow wenige Tage vorher einen Brief an die Braut, der zeigt, wie eng das Verhältnis zwischen ihm und dem Bräutigam geworden ist. Er nennt Oertzen einen »Ritter ohne Furcht und Tadel«.

Henning von Tresckow

21.3.44

Hochverehrte liebe gnädige Frau,
am Hochzeitstage werde ich in herzlichen Gedanken teilnehmen, mit aufrichtigen und treuen Wünschen für Ihr und Ihres Mannes Zukunft und Ihr beider Glück. Sie wissen, wie sehr ich an dem Glück Ihres Mannes teilnehme, denn er ist mir in der gemeinsamen Arbeit ans Herz gewachsen wie ein Bruder. Aber es ist mir Freude und Bedürfnis, Ihnen heute zu sagen, wie sehr ich aus ehrlichem Herzen auch Ihnen Glück wünsche zu Ihrem Mann! Er verbindet ein frohes Herz mit einem hohen reinen Gedankenflug wie nur sehr wenige seiner Altersklasse, und Sie heiraten einen wahren »Ritter ohne Furcht und Tadel«. Darum Glückauf! – Mit der Bitte um aufrichtige Grüße an Ihren Herrn Vater und meine Wartenberger Geschwister
Ihr Ihnen treu ergebener
Henning Tresckow

Hans-Ulrich und Ingrid von Oertzen lieben die Natur.

Nach den Flitterwochen kehrt Oertzen noch einmal kurz in den Stab der Heeresgruppe zurück, tritt aber bald eine neue Stelle an der Ostfront an, als Ia der Korpsabteilung E der 2. Armee. Deren Stabschef, Henning von Tresckow, so ist zu vermuten, hat ihn wieder in seine Nähe geholt. Es gibt aber auch Probleme, die Gruppe der Verschwörer zusammenzuhalten. Vor seiner Abreise in die neue Einheit berichtet Oertzen von den vielen Glückwünschen, die er anläßlich der Hochzeit von den Offizieren der Heeresgruppe erhalten hat. Da es sich überwiegend um die späteren Teilnehmer am Staatsstreich handelt, ist davon auszugehen, daß bei den Zusammenkünften auch vorbereitende Absprachen getroffen werden.

Oertzen gefällt die neue Stellung. Als Operationsoffizier hat er die militärische Lage im Blick zu behalten und die Pläne für den Kommandeur auszuarbeiten. Ihm liegt das selbständige Handeln, das Entschlüsse fassen. Doch er vermißt seine junge Frau.

[o.D.]

Mein Schnäuzchen.

Sei mir nicht bös, daß ich Dich so schnell verlasse. Was ich fühle, kann ich Dir nicht schreiben. Es ist einfach zu viel, und ich bin von den vielen überwältigenden Eindrücken unserer letzten glücklichen Zeit so überwältigt, daß mir jedes Wort und jeder Gedanke darüber schwerfällt. Wir wollen weiter so

Hans-Ulrich und Ingrid von Oertzen kurz vor ihrer Abreise in die Flitterwochen nach Wien

Oertzen mit seinem Freund Dietrich von Saldern

glücklich bleiben, was die Zukunft auch bringt. Wir haben alle Voraussetzungen dazu erfüllt.

16.4.44

Meine über alles geliebte Ania.
Bei der Korpsabteilung ist es geblieben. Ich fahre am 20.4. dorthin. Vorher bin ich bei Tresckow. [Georg Freiherr von] Boeselager wird heute hier erscheinen. Es soll alles versucht werden, ihn hier bei uns festzuhalten und zu verhindern, daß er an die Front geht. Ich bin gespannt, ob es gelingt. [...] General Krebs hat das Ritterkreuz bekommen. Wir freuen uns mit ihm alle sehr. Er hat es wirklich verdient. Leider ist er zur Zeit für mehrere Wochen auf Urlaub, so daß ich ihm persönlich nicht gratulieren konnte. Ich werde ihm einen Brief schreiben, in dem ich auch gleichzeitig unseren Dank für seine Hochzeitsglückwünsche zu Ausdruck bringen will. Heute kehrte Oberst von Kleist von einer Dienstreise zurück. Ich sprach lange mit ihm von unserer Hochzeit, und er nahm an allen Einzelheiten begeistert Anteil. Es ist zu nett, wie sich alle für uns interessieren.

21.4.44

Meine geliebte Ania.
Friedrich der Große hat im letzten Jahre des siebenjährigen Krieges folgendes Pamphlet mit köstlichem Inhalt vom Stapel gelassen:
Es darf nie Trübsal geblasen werden! Meine Privatschatulle trägt alles! Die Generals müssen viel gastieren, auch die Stabsofficiers(!). Es müssen Gesundheiten ausgebracht und es muß dabei gesungen werden! – Da ist der subalterne Officier wie der gemeine Mann fest überzeugt, daß unsere Sachen gut stehen. Denn wird auch unsere Sache gut werden!
Ich werde diese Worte als Wahlspruch in meine neue Verwendung nehmen. Hoffentlich läßt sich das Kind mit diesen primitiven aber zweifellos sinnfälligen Methoden schaukeln. Wundere Dich also bitte nicht, wenn meine Stimmung häufig weinselig sein wird.

23.4.44

Meine geliebte Ania.
Nun habe ich meinen neuen Haufen erreicht. Schnell schrieb ich heute morgen noch eine Karte aus dem Flugzeug. Sehr inhaltsreich kann sie nicht gewesen sein, denn ich war durch die diversen Abschiedsabende innerlich ausgehöhlt. Dazu kam noch ein reichlich feuchter Abend bei dem Oberbefehlshaber von Tresckow. Schlabrendorff mußte mir T. ersetzen, der leider schon, ohne daß ich ihn noch sprechen konnte, abgefahren war.
Heute morgen in aller Herrgottsfrühe flog ich aus Brest nach Pinsk mit

Boeselager zusammen ab. Alle hatten versucht, dem noch nicht wieder ausgeheilten B. von seinem Regiment zurückzuhalten, was aber fehlschlug. Er ist nun inzwischen wieder bei seinem Regiment und wird es übernehmen. Gehen kann er zwar noch nicht wieder richtig, aber er ist eben nicht zu halten. Nach einer kurzen Fahrt durch das Vorland der Sümpfe auf einer sehr guten Straße – wir sind ja im alten Polen – kam ich bei meinem neuen Stab an. Der Empfang durch den Divisionskommandeur, Generalleutnant Felzmann, war sehr herzlich. Er wiegt 120 Kilo, ist riesengroß und sehr nett. Stammen tut er aus der Ostmark. Als Kommandeur hat er sich einen sehr guten Namen gemacht, wie überhaupt mein Verein der stärkste seiner Art an der Ostfront und einer der besten überhaupt ist. Dieses wird schon durch die sehr gute Offiziersstellenbesetzung bewiesen, die auch in meinem Stab vorhanden ist. Mein Vorgänger, ein Oberstleutnant, tauchte erst heute abend auf. Er hatte solange kalt gelegen, die Folgen seines gestrigen Abschiedsabends. Er und mein Kommandeur scheinen überhaupt eine sehr gute, aber feuchte Ehe geführt zu haben. Mein Kommandeur ist weiterhin, wie auch schon aus seinem Gewicht hervorgeht, ein großer Feinschmecker. Das Essen ist mehr als reichlich. Ich werde aufgehen wie ein Pfannekuchen. Morgen werde ich beim Korps meinen Antrittsbesuch machen. Ich glaube fast, einen Vetter dort vorzufinden (Enkel meiner Tante, der ältesten Schwester meines Vaters, mit dem schönen Namen Axel Schäfer). Mein Pferd werde ich auch nachholen, trotzdem der Pferdebestand, auch in der Qualität, bei der Korpsabteilung ein besonders guter zu sein scheint. [...] Der Abschied von der Heeresgruppe ist mir doch sehr schwer geworden. Ein Jahr gemeinsame Tätigkeit verbindet eben doch sehr stark. Und Kameraden wie Kleist, Voß, Eggert und Genth zu verlieren, ist im Kriege besonders schwer. Hier bei der Truppe ist der geistige Standard doch sehr viel tiefer. Hier tritt mehr die feuchte Kameradschaft in den Vordergrund.

25.4.44

Meine geliebte Ania.

Nun ist gestern der erste Tag in meiner neuen Dienststelle vorübergegangen. Der Eindruck von vorgestern hat sich nicht verändert. Die Korpsabteilung ist wirklich ein »prima Haufen«. Besonders auffallend ist die herzliche und kameradschaftliche Art, mit der einem alle entgegenkommen. Dabei ist das militärische Verhältnis zu den Vorgesetzten mustergültig. Auch die Disziplin der Soldaten scheint, wie ich bisher aus Gesprächen entnehmen konnte, eine sehr gute zu sein. Heute werde ich dies im einzelnen überprüfen können, denn ich fahre mit meinem überlebensgroßen Kommandeur kreuz und quer durch den Abschnitt. Gestern konnte ich Dir nicht schreiben, weil mein Vorgänger abgefeiert wurde (wieder einmal!) und der ganze Tag mit Übergabe und Meldungen bis an den Rand ausgefüllt war. Dabei war interessant, wie der beim

12/193

27.4.44.

Mein geliebtes Omamin.

Heute war ein arbeitsreicher Bürotag. Trotzdem aber ganz anders als die Tage bei der Heeresgruppe. Hier kann man in Ruhe Entscheidungen treffen, die sich sichtbar auswirken und der Truppe helfen. Dort oben beim hohen Stab schien es einem immer als wenn man leeres Stroh dreschen würde. Ich kann nun schon mehr und mehr verstehen, warum die Stelle des Ia einer Division die erstrebenswerteste und schönste der Rotbehosten ist.

Heut) morgen bestieg ich das Ross meines Vorgängers. Es sollte das beste der Division sein. Ich kann nur sagen: Bei Leibe nicht! Es mag wohl ein gutes Pferd an sich sein, aber es ist infanteristisch gradezu säuisch verritten. Bisher war es nur mit Kandarre zu bewegen. Der hochherrschaftliche Sattel war in der Mitte quer gebrochen. Das

Heute schrieb ich Konin und schickte ihn 1 Figaro-Buchen aus ohne schriftlichen Befehl 50 Zigaretten.

Korps sitzende Chef des Generalstabes, der unsachlich und cholerisch ist, freundlich war, als er hörte, daß ich von der Heeresgruppe kam. Etwas Angst um die besseren Verbindungen eines Untergebenen kann nie schaden.

26.4.44

Meine geliebte Ania.
Auch hier im Sumpf ist der Frühling ausgebrochen. Sicherlich vergleichbar viel einfacher als bei Dir in Bellin, aber dennoch schön für Rußland: Die Sümpfe sind mit Tausenden von Sumpfdotterblumen und Anemonen bestanden, die zum Teil nur mit ihren Köpfen aus dem Wasser herausragen. Die Wege durch die Sümpfe werden von Bataillonen russischer Kriegsgefangener, Zivilisten und auch Frauen wiederhergestellt. Die Weiber arbeiten gleichmäßiger und daher besser als die Männer. Unter den Kriegsgefangenen sind viele aus dem Inneren Asiens. Einer sieht aus wie ein tibetanischer Priester.

27.4.44

Mein geliebtes Anialein.
Heute war ein arbeitsreicher Bürotag. Trotzdem aber ganz anders als die Tage bei der Heeresgruppe. Hier kann man in Ruhe Entscheidungen treffen, die sich sichtbar auswirken und der Truppe helfen. Dort oben beim hohen Stab schien es einem immer, als wenn man leeres Stroh dreschen würde. Ich kann nun schon mehr und mehr verstehen, warum die Stelle des Ia einer Division die erstrebenswerteste und schönste der Rotbehosten ist. [...] Das Wetter ist in den letzten Tagen wieder recht kühl geworden mit starkem Westwind. Es könnte langsam schon wärmer sein! Der Frühling macht sich noch kaum an den Knospen bemerkbar. Dabei fällt mir unser Wunsch ein, einmal einen Frühling gemeinsam verleben zu dürfen!

Hans-Ulrich von Oertzen hat sich schnell an seine neue Position in Frontnähe gewöhnt. Auch versucht er, aus der Masse der Zwangsarbeiter zwei russische oder ukrainische Mädchen für das Gut Bellin in der Neumark auszusuchen, die Ingrid bei der Arbeit helfen sollen. Als ihm das gelingt, läßt er die beiden jungen Frauen durch seinen Burschen Räumschüssel nach Bellin bringen. Oertzen hat offensichtlich keine Skrupel, sich an dem – wie er es nennt – »Sklavenhandel« zu beteiligen.

Trotz der schärfer werdenden Frontsituation hält er Kontakt zu Henning von Tresckow und den anderen Offizieren aus der Heeresgruppe, die er für »etwas Besonderes« hält. Oertzen hat sein Pferd aus der Heeresgruppe nachkommen lassen, das »Wessel« heißt, wie der 1930 ums Leben gekommene und von den Nationalsozialisten verehrte SA-Sturmführer Horst Wessel. Oertzen ist darüber belustigt.

Häufiger als in den vergangenen Wochen bei der Heeresgruppe berichtet er in seinen Briefen, die er nun fast täglich schreibt, über den Armeealltag. Allerdings werden die einzelnen Briefe kürzer, was auf die angespannte militärische Lage zurückzuführen ist. Am 30. April schreibt er:

30.4.44

Meine geliebte Ania.

Wie bin ich erfreut, daß Dich meine Briefe mit meinen Tagesschilderungen so interessiert haben. So persönlich nahe wie in der Heeresgruppe wird mir mein Stab hier wohl nicht stehen, denn die Leute sind hier alle, so nett und kameradschaftlich sie auch sein mögen, aus einer anderen Kiste. Ich kann mich persönlich wirklich nicht beklagen, denn ich fühle mich sehr wohl, aber außer Oberstleutnant Schlickum – dem früher bekannten Turnierreiter – ist niemand aus unserer »Gegend«. Ich kann so wenigstens den anderen zeigen, was »Tradition und Klasse« ist. Zunächst nehmen sie mich auch alle für ein höheres Wesen. Es ist wirklich sehr lustig anzusehen.

2.5.44

Meine geliebte Ania.

Gestern kam nun hier der gute »Wessel« an, den ich aus Pietätsgründen in »Wildfang« umgetauft habe. Er war durch die lange Reise etwas ermattet und deshalb für einen geruhsamen Ritt zu haben, was bei ihm äußerst selten ist. Hier kann ich jeden Morgen um 7 Uhr reiten, weil ich abends bis spätestens um 24 Uhr im Bett liege. Mein General würde auch nichts sagen, wenn ich erst morgens um 10 Uhr komme und abends bereits um 9 Uhr ins Bett ginge. Trotzdem gibt es für mich doch vieles zu tun, da ich den ganzen Laden auf mich umstellen muß, mich einarbeiten muß und mit den täglichen Späh- und Stoßtruppunternehmen sowie den Bandenjagden allerhand zu tun habe.

3.5.44

Meine geliebte Ania.

Heute stand der Tag im Zeichen der Reiterei: Ein »Reit und Fahr«-Oberst aus dem Ersatzheer war hier, und ich gab ihm heute morgen Wildfang zum Reiten. Schnell bekam W. seine Mucken, keilte und bockte, so daß der alte Oberst alle Register ziehen mußte. Dann hatte der Oberst von Poser den armen Bock aber bald zwischen seinen eisernen »30 Jahre«-Reiterschenkel eingeklemmt, und aus W. wurde Zahmling.

Eine überraschende Nachricht von Bekannten aus Berlin bringt Oertzen in Gewissenskonflikte und in Gefahr.

Sein Schulfreund Hans von Godin hat ihn verzweifelt um Hilfe gebeten. Der Vater, Rechtsanwalt und Notar Reinhard Freiherr von Godin, war am 17. März 1944 verhaftet worden, nachdem er einem vom Volksgerichtshof zum Tode verurteilten Freund helfen wollte. Diesem war zur Last gelegt worden, ein »österreichischer Separatist« zu sein. Godin reichte ein Gnadengesuch ein, schickte aber unvorsichtigerweise eine Kopie davon an Verwandte seines Freundes, darunter in die Schweiz. In einem Begleitschreiben bekannte er offen, er habe wenig Hoffnung auf Erfolg, das Gericht sei »offenbar von oben her angewiesen worden, ein Todesurteil zu fällen«. Das Schreiben wurde von der Briefzensurstelle abgefangen und umgehend an die Gestapo geschickt. Am 26. April wurde Reinhard Freiherr von Godin wegen »Wehrkraftzersetzung« zum Tode verurteilt. Er habe gegenüber »Volksgenossen« mit seinem Schreiben »den Glauben an die Rechtsgeborgenheit in unserem Reich und damit unsere Kraft zu unbedingtem Volleinsatz in unserem Lebenskampf angegriffen«, lautete die Begründung.

Hans von Godin, der seinen Vater vor Gericht mitverteidigt hatte, bittet Oertzen, schriftlich zu erklären, daß sein Vater ihm gegenüber nie »Wehrkraftzersetzung« betrieben habe. Oertzen wäre sicherlich gern bereit gewesen, diese Bestätigung zu geben, aber das hätte dazu führen können, daß die Gestapo auf ihn aufmerksam würde, was wiederum höchst gefährlich für die Vorbereitungen zum Staatsstreich und die Akteure in der Heeresgruppe sowie der Führung des Ersatzheeres gewesen wäre. Oertzen schweigt – nachdem er mit seinen Mitstreitern in der Heeresgruppe gesprochen hat.

Godin hatte Glück im Unglück. Seine Todesstrafe wurde am 15. Dezember 1944 aufgehoben und in eine achtjährige Zuchthausstrafe umgewandelt. Er überlebte auch den Krieg.

7.5.44

Meine geliebte Ania.

Der Vater Godin ist in Berlin wegen wehrfeindlicher Äußerungen verhaftet und – zum Tode verurteilt. Die Kinder schreiben mir verzweifelt und bitten mich zu helfen. So einfach ist das in dieser Situation ja nun auch nicht, und ich weiß noch nicht, was ich beginnen werde. Da ich die Gründe nicht genau kenne, ist es ja auch schwer, sich dazu zu äußern. Es ist schon eine schreckliche Geschichte! Die arme Mutter und ihrer Kinder.

Beim Korps war ich heute bei meinem Vetter Axel Schäfer zum Kaffee. Er gefällt mir sehr gut, und ich werde wieder die abgerissene Verbindung mit diesem Teil der Verwandtschaft aufnehmen. Die armen Leute wohnen in Berlin in einem noch erhaltenen, allein im Trümmerfeld stehenden Haus.

9.5.44

Meine geliebte Ania.

Gestern abend sprach ich mit der Heeresgruppe. Kleist und Voß lassen Dich vielmals grüßen.

10.5.44

Meine geliebte Ania.

In der Sache Godin habe ich noch nichts unternommen. Einmal ist es wohl völlig zwecklos, gegen die Entscheidung des Volksgerichtshofes anzugehen, und zweitens kenne ich die Strafgründe nicht genau. Gern hätte ich für ihn etwas unternommen, aber es ist wohl – leider – besser so.

14.5.44

Meine liebste Ania.

Gerade kam Dein Brief, den Du nach Tresckows Besuch geschrieben hast. Ich sehe daraus, daß Du Dich mit Deiner anstrengenden Arbeit doch übernommen hast. Es hat ja keinen Zweck, Dich zu bitten, daß Du Dich schonst. Die Arbeit ist nun einmal gegeben und muß geschafft werden. Besser scheint mir aber die Maßnahme von Vati, endlich an Gustel zu schreiben. Wenn sie nur bald wieder da wäre und Dich ablösen könnte. Die Russinnen werden dann weitere Entlastung bringen.

16.5.44

Meine über alles geliebte Ania.

Gerade kam die Zusage des Arbeitsamtes Küstrin. Nun steht ja nichts mehr im Wege. Ich warte den nächsten Arbeitertransport ab und schicke die beiden Mädchen unter Bewachung meines Burschen zu Dir. Sollten sie Dir nicht gefallen, kann ich Dir neue auftreiben. Ich glaube aber, daß Du zufrieden sein wirst, denn arbeiten können sie. […] Morgen geht es zu Boeselager, um einige Pferde umzutauschen. Jeder wird anschließend glauben, er hätte den anderen übers Ohr gehauen. Bin sehr gespannt, was Tresckow mitbringt und über seinen Besuch bei Euch erzählt.

17.5.44

Meine geliebte Ania.

Bei Boeselager tauschte ich sechs Zugpferde gegen sechs sehr gute Reitpferde aus, die er mir rührenderweise versprochen hatte, als Dank für meine Hilfe beim Aufbau des Kavallerie-Regiments. Ihm selbst geht es schon wieder ganz gut. Nur reitet er im Verhältnis zu seinem immer noch humpelnden Bein zu viel. Wir sahen etwa 200 Pferde, die ich eins wie das andere gern genommen hätte, so gut waren sie. Die besten hatten die Gebrüder Boeselager. Wenn einmal Friede ausgebrochen sein sollte, werde ich mich an die beiden wenden.

Während Oertzen über seinen Ausflug zu den Boeselager-Brüdern schwärmt, berichtet seine Frau über ihre Arbeit auf dem Gut. Seit einiger Zeit muß sie in der Küche und bei den Tieren aushelfen, was ihr mehr Spaß macht als die Büroarbeit beim Vater, wie sie offen eingesteht. Außerdem schreibt sie über einen Besuch bei Tresckow in Wartenberg, dem sie ein Paket und einen Brief für Hans-Ulrich zu Pfingsten mitgibt. Tresckow fragt Ingrid wohl nicht ohne Hintersinn, ob sie immer noch der Meinung sei, daß die Heirat richtig war. Ingrid hat darüber keine Zweifel.

Ingrid von Oertzen

Bellin, den 17.5.44

Mein Baschilein!

Das Büro schmeckt mir bisher noch sehr bitter, und ich flüchte ganz schnell einmal zu einem Brief an Dich. Ich weiß gar nicht recht, was ich mit mir machen soll, um diesen schlechten Zustand zu ändern – abgesehen von einer kurzen noch folgenden Vertretungszeit, in der Gustel wohl nun wirklich heiraten will, wird meine Tätigkeit ja wieder die alte sein, und ich muß mich an sie gewöhnen. Weißt Du, es ist hier alles so der Not gehorchend, nicht dem eigenen Triebe! Während ich im Hause und in der Küche immer betrübt war über die so schrecklich schnell verfliegende Zeit, sitze ich hier im Büro wie ein Schulkind, das auf die Pausen-Glocke wartet, schiele immer mit einem Auge auf die Uhr in der instinktiven Hoffnung, ihren Lauf damit vielleicht zu beschleunigen. Beim Kochen und auf dem Hühnerhof war ich wirklich mit all meinen Gedanken, und ich kann sie dann nur mühsam aus tausend Ecken wieder zusammensuchen: Erinnerung, Hoffnung, Pläne, ach, und wo ich sie überall erwische! Doch habe keine zu große Sorge, irgendwie werde ich mich schon wieder einspielen, und der Gedanke, daß dieser Zustand und diese Tätigkeit keine ewige sein werden, wird mir eine gute Hilfe sein. Heute in der Mittagspause habe ich gerade all unsere Briefe usw. noch einmal geordnet und dabei so manches Wort noch einmal gelesen, bei dem mir viele entfallene Bilder wieder klar vor Augen kamen. Es macht doch viel Freude, in unseren Briefen zu graben, die – was uns beide ganz allein betrifft – nur Schönes, nur Glückliches in sich verbergen, wenn mancher Stein uns auch den Weg versperrte. Aber wie schön war darum gerade die Zeit in Wien, in der nur noch ein Stein – wenn auch weiß Gott nicht der kleinste – die Vollkommenheit unseres Glücks störte.

Der Nachmittag gestern in Wartenberg war über Erwarten reizend. Ich brachte Tresckow besagtes Päckchen und einen Brief für Dich, und scheinbar hatte man nicht mit so großem Verständnis meinerseits gerechnet, denn alles war sichtlich erfreut und überrascht, ob der nicht überwältigenden Größe Deines Päckchens, und fand das rührend. Ich muß gestehen, ich fand es selbstverständlich, nicht mit einem Riesenpaket Tresckows nettes Angebot auszunutzen, schon allein, wenn ich mir vorstelle, daß Du Dich jemandem zur Beförderung eines Päckchens angeboten hättest. Zu Pfingsten wirst Du nun sicher diesen kleinen Belliner Gruß haben, und das freut mich schrecklich. Frau von Treskkow dankte mir übrigens noch einmal in reizender Art für die Stunden hier in Bellin, und zu meiner Freude fand ich nun auch noch Gelegenheit, mich mit Tresckow ein wenig zu unterhalten, was neulich nicht gelungen war, da Vati und er sich natürlich gänzlich verankert hatten. Es ist schon herrlich und wahrhaft beruhigend, solch Menschen wirklich auf seiner Seite zu wissen, und das dürfen wir bestimmt, das merke ich immer mehr. Grüße Tresckow von mir, wo immer Du ihn siehst!

Er meinte übrigens, aus seiner Unterhaltung mit Vati entnommen zu haben, daß dieser sich restlos mit unserem Entschluß abgefunden hat. Den Eindruck habe ich allerdings auch, besonders, da Vati wohl auch zu wissen glaubt, daß wir unser Wort gehalten haben. Ehrlich gesagt, wäre ein »nein« in Bezug auf unser Wort mir auch unvorstellbar und der Zustand hier – wie er nun einmal ist – für mich ohne Dich unträglich. Ein wenig bitter, aber wahr.

Tresckow fragte mich, ob ich wohl jetzt der Ansicht wäre, daß wir mit unserer Heirat trotz allem und trotz des schwierigen Anfangs den richtigen Entschluß gefaßt hätten. Ich konnte ihm nur aus tiefstem Herzen »ja« sagen und: »Es war unbedingt richtig«. Alle Unklarheit ist fortgenommen, gerade sie ist so ermüdend und unerträglich. Und die Aufgaben, die uns nun gestellt sind, sind zwar nicht leicht, doch werden und müssen sie eben von uns gemeinsam gemeistert werden. Doch wir gehören einander und damit ist alles, alles viel leichter!

Liebe ohne Ende für Dich, mein geliebtes Herz!
Deine Ania.

Auch Hans-Ulrich von Oertzen äußert sich in seinen Briefen immer wieder über ihre Beziehung, besonders rührend, als sich der Verlobungstag jährt. Außerdem ist ihm seine Spottlust nicht vergangen. Er berichtet, daß sein General zu einem politischen Lehrgang fahre, auf dem [Propagandaminister Joseph] Goebbels, [SS-Chef Heinrich] Himmler und [der Leiter der »Arbeitsfront«, Robert] Ley, sprechen sollen und fügt unmittelbar den Satz an: »Anschließend will er eine Gastritis in Kissingen kurieren.«

20.5.44

Mein geliebtes Anialein.
Ich wundere mich immer wieder, daß ich, trotzdem meine Gedanken so viel bei Dir sind, so ruhig sein kann. Es ist wohl das starke Muß unseres Schicksals, das mir in meinen Gefühlen immer wieder »Vernunft« zuruft. Immerfort habe ich Dich vor mir, sehe Dich gehen und arbeiten, höre Dich sprechen und lachen. Es ist nicht wie in einem Traum, denn ich fühle kein Erwachen, es ist eine zweite Wirklichkeit.

21.5.44

21. Mai 1943.
Unser Verlobungstag, Anialein, einer der schönsten Tage unseres Lebens. Wie sehe ich alles vor mir, was sich damals vor einem Jahr ereignete: Unser Spaziergang in den Garten, unser Plätzchen am Tennisplatz, unsere Worte und unsere Gedanken, unser Sehnen und unsere Hoffnungen, unsere Sorgen und Bedenken. Was bewegte uns alles damals, und wie ist es wirklich geworden.

Eigentlich hat sich ja alles genau so abgewickelt, wie wir es uns vorgestellt hatten, ein Jahr Verlobungszeit ist weder zu lang noch zu kurz. Daß es nicht einfach sein würde, unsere Willen durchzusetzen, war uns auch klar. Unsere Konsequenz hat alle Widerstände überwunden und uns ans Ziel gebracht. Wir können wirklich mit Stolz auf einen siegreich bestandenen Feldzug zurückblicken. Und wie schön hat sich alles gefunden, trotz der vielen fast unüberwindlich scheinenden Schwierigkeiten. Wir tun sicher nicht Unrecht, wenn wir annehmen, daß unser gemeinsamer Weg zwar unter einem unerbittlichen, aber doch günstigen Stern steht.

Ich kann Dir nur unendlich danken mit jeder Faser meines ganzen Ich für alles das, was Du gütige Fee mir zu Glück, Liebe und Seele geschenkt hast. Mein Lebensziel hat sich durch Dich gewandelt, ich weiß von dem mir entstandenen Lebensinhalt. Was wäre ich ohne Dich? Und das entscheidende Wort fiel vor einem Jahr. Welch kurze und doch lange Zeit!? Sei innig geküßt und ewig geliebt von Deinem überglücklichen Baschy.

22.5.44

Geliebte Ania.
Als ich gestern gerade meinen Verlobungs-Gedächtnis-Brief an Dich zugemacht hatte, rief Tresckow an. Er fragte gleich, ob ich wüßte, was heute für ein besonderer Tag wäre. Ich wußte erst gar nicht, was er meinte, und stellte dann fest, daß Du ihn scharf gemacht hattest, mich auf mein Gedächtnis zu überprüfen. Du ganz, ganz Böse! In herzlicher Weise grüßte er mich von Dir und erzählte, wie sehr er sich gefreut hätte, Dich zu sehen und über Deinen Fahrradbesuch in Wartenberg. In einigen Tagen werde ich ihn besuchen, wenn er sich etwas Arbeit vom Leibe geschafft hat. Bis dahin muß ich meine Neugierde, Einzelheiten zu hören, zügeln. Hoffentlich erfüllen sich nun auch seine Versprechungen, daß ein Urlaub »so zwischendurch« möglich ist.

30.5.44

Mein Anialein.
Morgen am 31.5. hat mein Patensohn Gerd Wilken Geburtstag. Er wird sechs Jahre alt. Was kann man ihm nur schenken? In solchen Dingen bist Du besser bewandelt als ich. Ich Raben-Patenonkel habe ihm noch nie etwas

geschenkt! Am Pfingstmontag war ich zunächst morgens beim Gottesdienst. Der Pfarrer sprach sehr verständlich für die Soldaten, und die Predigt war deshalb sehr eindrucksvoll. Die Kirche war eine russische Strohscheune, sonst als Kino verwandt.

Was Oertzen seiner Frau verschweigt: Er bittet den Pfarrer nach der Predigt um ein Gespräch. Die Vorbereitungen für den Staatsstreich sind in die entscheidende Phase getreten, Oertzen steht unter enormer Anspannung. Das scheint der Pfarrer in dem Gespräch zu spüren. Er notiert in seinen Erinnerungen:

Ernst Ufer

29. 5. 1944

Heute war Gottesdienst bei Ia, an dem die beiden Generalstäbler unserer Korpsabteilung E, der neue Ia, Major von Oertzen, und unser Ib Bohnemeyer teilnahmen. Der neue Ia, Major von Oertzen, ist kirchlich sehr interessiert. Es schien, als wenn ihn etwas besonderes, evtl. Bevorstehendes innerlich bewegte. Er fragte bei einem längeren Spaziergang hinterher nach der Konkretisierung des Predigttextes für ihn persönlich. Ich hatte als Text 2. Timotheus 1, Vers 7: »Gott hat uns nicht gegeben den Geist der Furcht, sondern der Kraft und der Liebe und der Zucht.« Major von Oertzen sieht die politische und militärische Lage sehr ernst und hatte das Bedürfnis, seine Sorgen sich einmal vom Herzen zu reden. Dazu gaben Pfingstpredigt, Pfingstgebete und -lieder ihm offenbar den Anstoß. Solches Gespräch wird zu meinen wertvollsten Kriegserinnerungen gehören.

Nach den Ereignissen des 20. Juli denkt der Pfarrer erneut über das Gespräch mit Oertzen nach. Ernst Ufer schreibt:

26. 7. 1944

Eine bestimmte Sache bewegt mich noch in »dieser schwer betrübten Zeit«, daß unser bisheriger Ia, Major von Oertzen, der vor einigen Wochen zu einem Sonderauftrag nach Deutschland fuhr, nicht mehr zu uns zurückkommt. Er ist aus dem Leben geschieden, und man vermutet, im Zusammenhang mit dem 20.7., aber keiner spricht darüber. Das ernste persönliche Gespräch nach dem Gottesdienst am 2. Pfingsttag sehe ich jetzt in einem besonderen Licht.

Nach dem Pfingstfest sprechen die Offiziere des militärischen Widerstandes die letzten Details ab. Auch Oertzen und Tresckow sehen sich nun häufiger. Oertzens Briefe werden fahriger, sie wirken, als seien sie in großer Eile geschrieben. Der Major reiht einfach kleinere Ereignisse oder Gedanken aneinander. Bei der Beurteilung der sowjetischen Menschen, insbesondere der Mädchen, kommt er zu einer erstaunlichen Erkenntnis.

3.6.44

Meine geliebte Ania.
   Wie bin ich beruhigt über die Ankunft der beiden Mädels. Herrlich sind die mitgebrachten Kopfkissen. Aber wer weiß, wozu sie gut sind. Halten wir – als wichtigstes – die beiden fern vom schädlichen Einfluß durch Eduard und andere böse Geister. Sie selbst sind fern von allem Bösen und haben wie alle russischen Mädchen einen sehr guten Kern. Moralisch stehen die Menschen auf einer erstaunlichen Höhe. Viele unserer deutschen Mädchen könnten sich die Russinnen darin zum Vorbild nehmen. Wo wohnen die beiden?

7.6.44

Meine geliebte Ania.
   Tresckow kam gestern, um sich meinen Abschnitt anzusehen. Es war wirklich erfreulich, auf seine ganzen dienstlichen Fragen antworten zu können und von ihm so viele private Dinge zu hören. Von Bellin war er begeistert, lobte Deine Kochkünste und erwähnte besonders Deinen Besuch mit dem Fahrrad in Wartenberg. Letzteres muß ich auch als besondere Leistung anerkennen. Mehrfach pries er meine kleine Frau.

Am 22. Juni 1944 beginnt die Sowjetarmee auf breiter Front ihre Sommeroffensive. Den folgenden Brief erhält Ingrid von Oertzen geöffnet. Dafür kann es verschiedene Ursachen geben. Aber offensichtlich war das bislang nicht vorgekommen, denn sie vermerkt den geöffneten Zustand auf dem Brief.

25.6.44

Meine geliebte Ania.
   Vorgestern morgen fuhr ich mit meinem schnellen Opel-Admiral zu Tresckow. Die Fahrt ging im allgemeinen auf sehr guten polnischen Straßen vor sich, so daß wir die große Entfernung in drei Stunden Fahrzeit überwinden konnten. Erstaunlich ist immer wieder die Aufmachung des weiblichen Geschlechts. Die Mädchen haben, trotzdem sie auf dem Lande leben und von einer größeren Stadt selbst bei Brest nicht die Rede sein kann, fast französisch anmutende Kleider an. Bei T. war zuerst eine bis Mittag andauernde Besprechung in großem Kreise. Nachmittags besichtigten wir – ich nun schon das zweite Mal – das in der Nähe liegende herrliche Gestüt. Es hat nicht allein eine Riesenzahl schönster Pferde, sondern liegt auch landschaftlich herrlich in einer Gegend, ähnlich wie die Neumark. Am Abend ging T. mit mir auf die Jagd. Es sollte ein Keiler zur Strecke gebracht werden. Der Gute kam aber nicht, dafür aber an seiner

Stelle sieben bewaffnete Partisanen. Tresckow, auf den sie gerade zugingen, ließ sich von seinem Stein rückwärts in eine Schonung fallen, drei Meter von ihm gingen sie nach allen Seiten spähend vorbei. Da T. nur fünf Schuß mithatte, wäre ein Feuergefecht zwecklos gewesen. Ein noch in der Nacht ausgesandter Spähtrupp klapperte so lange mit Stahlhelm und Gasmaske durch den Wald, bis er von den Banditen aus einem Hinterhalt angeschossen wurde und einige Verwundete hatte. Den Banditen passierte nichts. Sie ließen nur ihre Säcke mit gestohlenen Fressalien liegen.

Auf dieses spannende Erlebnis hin aßen wir mit Schlabrendorff zusammen Abendbrot und tranken einige Fläschchen bei angeregter Unterhaltung. Zwischendurch rief ich noch bei Voß und Genth an, die beide mit Arbeit überhäuft werden, weil der Russe bei ihnen kräftig angreift. Tresckow erzählte, daß die Wartenberger mit Interesse und Neid Deine beiden Russinnen betrachtet hätten. Nun soll ich für ihn auch zwei besorgen. Die Mädels habe ich schnell bei der Hand, es fehlt aber wieder einmal die Bescheinigung des Küstriner Arbeitsamtes.

27.6.44

Meine geliebte Ania.

Gestern nacht waren reichlich russische Flieger bei uns und haben »das Städle« bombardiert. Ich war froh, daß ich nicht drin saß. Bei uns können sie ruhig kommen. Wir sitzen in Bunkern.

28.6.44

Meine geliebte Ania.

Endlich bekomme ich einmal wieder Post von Röhricht. Ich hatte schon große Angst, daß er mit seinem Haufen in eine furchtbare Schweinerei hineingekommen wäre und daß er nach meinen Berechnungen nicht mehr unter den Lebenden weile. Nun schreibt er ganz vergnügt, ist sogar eine Treppe heraufgefallen, aus der Gegend Lemberg. Du kannst Dir denken, wie ich mich freue, ihn erhalten zu wissen. Sein Brief ist auch wieder so herzlich – trotz des sehr ernsten Tons –, daß ich nur glücklich sei kann, ihn zum Freunde zu wissen. Ich vergaß noch, Dich von Röhricht zu grüßen. Er wünscht sich sehr, uns beide einmal zusammen zu sehen.

Mittlerweile ist es Juli 1944 geworden. Die Lage an der Front schildert Hans-Ulrich von Oertzen als immer bedrohlicher. Für den Auftritt eines sogenannten Reichsredners und seine Durchhalteparolen hat er nur Spott übrig. An Urlaub ist in dieser Situation nicht zu denken. Um so überraschter ist Ingrid von Oertzen, als ihr Mann am 8. Juli von einer überstürzt angetretenen Reise zu einem höheren Stab schreibt, »um dort einige organisatorische Aufgaben in die Hand zu nehmen«. Es ist der letzte Brief, den sie von ihm erhält.

2.7.44

Meine geliebte Ania.
Anliegend schicke ich Dir die Rede eines bei uns umherwandernden Reichsredners. Sie war von so überzeugendem Optimismus getragen, daß man sich darüber nur freuen konnte. Seine Ausführungen waren, wie Du siehst, sehr interessant und gaben einem doch manchen wertvollen Blick in Zusammenhänge, die man bisher nicht so klar durchschaute. Die Rede klärte auch mehrere bisher mir nicht geläufige Fragen, wie es nach dem Endsieg aussehen würde. Wenn auch der 6. September ohne den angekündigten Erfolg verstreichen sollte, so können wir ja ruhig noch einen späteren Zeitpunkt abwarten. Im Kriege kommt es erstens immer anders und zweitens als man denkt! [...] Das allgemeine Kriegsgeschehen der mittleren Front nähert sich auch langsam meinen Gefilden. Die Luftangriffe werden schon saftiger und unsere Front unruhiger. Heute morgen schoß uns ein russischer Jäger zwei Scheunen in Brand. Da ich ihn schießen und zielen sah, kam ich rechtzeitig zu Boden. Mittags bin ich daraufhin in meinen fertiggestellten Erdbunker gezogen, wo mir kein Schuß und keine Bombe etwas anhaben kann.

3.7.44

Meine geliebte Ania.
Unser Hineinrutschen in das allgemeine Gedränge beschränkt sich zunächst darauf, daß wir an andere in der Patsche Sitzende gute eigene Teile und Sachen abgeben müssen. Außerdem steigert sich die Nervosität in den vorgesetzten Dienststellen. Wir hören also schon das Brausen des Sturms. Da ich die ganze Geschichte vorausgesehen habe, erschüttert mich nichts. Dies erstaunt nun wieder die anderen. Aber ich kann mich ihnen erklären: Ich habe keinerlei Illusionen mehr. Die sind mir in meiner letzten Stellung vergangen.

8.7.44

Meine geliebte Ania.
Die Hitze bei uns hat sogar noch zugenommen. 40 Grad werden es am Tage wohl sein. Wenn man dazu noch marschieren muß – und meist leider rückwärts – dann merkt auch der Stärkste, daß es warm ist. Wir sind aber noch in unseren alten Löchern und fühlen uns bei guter Verpflegung sehr wohl. Heute mittag erreichte mich der Befehl von oben, sofort bei einem höheren Stab zu erscheinen, um dort einige organisatorische Aufgaben in die Hand zu nehmen. Da bis zum Abgang des »Storches« nur noch zwei Stunden Zeit war, blieb nicht mehr viel Zeit zum Überlegen und Abschied feiern übrig. Räumschüssel [Bursche von Oertzen, LBK] packte einen kleinen Koffer, machte ein trauriges Gesicht, und ich verschwand per Storch und

Rückenwind. Natürlich bedauere ich ganz ungeheuer, von meinem guten alten Verband gerade in den ersten kritischen Tagen getrennt sein zu müssen, aber es läßt sich eben nicht ändern. Ich habe es nicht gewollt. Hoffentlich komme ich bald zurück, denn meine derzeitige Stelle ist nun einmal die schönste für meinen Dienstgrad überhaupt. Alles war über mein Fortgehen sehr traurig, besonders Räumschüssel. Ich habe aber meine ganzen Sachen zurückgelassen und nur ein Köfferchen mitgenommen, um mich auch damit stark an meine alte Stelle zu binden.

Du wirst nun sicher wieder im schönen Bellin gelandet sein. Hoffentlich hält Vatis gute Laune möglichst lange an. Das ist doch nun einmal bei Euch das Wichtigste. Leider wird aber gleichzeitig die gnädige Frau nicht mehr so selbständig sein wie bisher und in der Gegend herumfahren dürfen. [ohne Unterschrift, dafür eine aufgeklebte Blume]

Wenig später erhält Ingrid einen Anruf ihres Mannes. Er meldet sich aus Berlin mit den Worten: »Ich bin dienstlich hier und habe sehr viel zu tun. Aber kannst Du herkommen, damit wir uns sehen können?« Den Rat, seine Frau zu holen, hat er von Margarete von Oven und von Irmgard von Leyser erhalten, einer engen Freundin seiner Frau, die sie auf der Reifensteiner Frauenschule in Obernkirchen kennengelernt hatte. Frau von Leyser pflegt als enge Vertraute von Ingrid auch zu Oertzen eine freundschaftliche Beziehung. Sie beschreibt ihn als fröhlichen, geradlinigen und entgegenkommenden Menschen, der bei Konflikten stets um Ausgleich bemüht gewesen sei. Oertzen sei auch sehr selbstbewußt aufgetreten. Bei der Entscheidung Anfang Juli, seine Frau in dieser Phase zu sich zu holen, zögerte er jedoch.

Ingrid reist sofort zu ihrem Mann nach Berlin, und beide wohnen in Potsdam in der Wohnung der Eltern Irmgard von Leysers. Die Erlebnisse bis zum 20. Juli 1944 hat sie in ihrem Tagebuch festgehalten, sachlich kurz, aber deswegen nicht weniger dramatisch.

Ingrid von Oertzen

Tagebuch-Einträge

9.7.44

Telefon von Baschy. Er ist in Berlin. Dienstreise. Sehr viel zu tun. Nachmittags zu ihm gefahren, um halb eins nachts endlich gelandet.

10.7.44

Ausschlafen, gemütliches Frühstück. Dann zu Tante Sabine von Oertzen. Nur kurz, eiligst mit Baschy in die Stadt.

11.7.44

Wir können zum Glück in Leysers Wohnung in Potsdam wohnen. Ungestört mit Küchenbenutzung.

12.7.44

Die gute Frau Göckler unterstützt mich rührend mit Vorräten. Aus nichts kann man schwer etwas kochen.

13.7.44

Kuchen für Baschy gebacken. Er kommt immer schrecklich spät nach Hause. Arbeitet viel zu viel.

14.7.44

Bei Tante Sabine zum Tee. Baschy erst wieder spät mit der Arbeit fertig. Ich habe viel telefoniert, auch mit Bellin.

15.7.44

Die Zeit des Alleinseins von dem Moment von Baschys Weggehen an ist quälend. Unruhe.

16.7.44

Sonntag. Wirklich gegen jede Erwartung kann Baschy zu Hause bleiben. Ein Traum.

17.7.44

Scheinbar wird die Arbeit für Baschy milder, und er bekommt mehr Zeit.

18.7.44

Mit Tante Sabine und Frau Oberin Fleischer Obst geholt. Riesenkirschen für Baschy.

19.7.44

Baschy hat wieder unheimlich zu tun. Von morgens halb sechs bis nachts halb zwei. Ein unhaltbarer Zustand.

20.7.44

Baschy hat angerufen. Kommt heute nicht nach Hause. Attentat.

Die wahre Geschichte jener Tage erfuhr Ingrid von Oertzen erst Jahre später. Am 1. Juli 1944 war Stauffenberg Stabschef des Ersatzheeres geworden und hatte Zutritt zu Hitler erhalten. Nun muß alles schnell gehen. Tresckow löst mit Mühe Oertzen aus der Truppe heraus und schickt ihn nach Berlin, obwohl der Major als Ia seiner Korpsabteilung mit für die taktische Führung zuständig und angesichts der Sommeroffensive der Sowjetarmee gar nicht abkömmlich ist. Tresckow beauftragt Schlabrendorff, ein Flugzeug nach Warschau und einen Schlafwagenplatz nach Berlin zu besorgen. Dort trifft Oertzen am 9. Juli mit dem fingierten Auftrag ein, Personal, Waffen und Gerät für Divisionen der 2. Armee anzufordern. In Wirklichkeit soll er Friedrich Olbricht, Chef des Allgemeinen Heeresamtes beim OKH, Albrecht Ritter Mertz von Quirnheim, den neuen Stabschef des Allgemeinen Heeresamtes, und Stauffenberg unterstützen und helfen, die Lücken der Organisation zu überbrücken. Oertzen legt Feststellungszeiten für »Walküre«-Einheiten in Listen fest und überprüft die Aufstellung der Einheiten auf größtmögliche Schnelligkeit. Am 15. Juli werden die Einheiten alarmiert. Nach einem gescheiterten Anlauf am 11. Juli soll an diesem Tag das Attentat auf Hitler stattfinden. Doch es wird erneut abgeblasen. Mit Mühe kann Olbricht die Alarmierung als Übung »tarnen«. Oertzen nutzt die Zeit, um in seinem Auftrag Einheiten zu besuchen, nachdem sich herausgestellt hat, daß ihr Eintreffen in den Einsatzräumen im Raum Berlin zu lange dauerte. So brauchten die Einheiten der Panzergrenadier-Ersatz-Brigade »Großdeutschland« aus Cottbus die ganze Nacht bis zum Morgen des 16. Juli. Oertzen inspiziert die Panzertruppenschulen Krampnitz und Wünsdorf, die Panzerlehrgänge Groß-Glienicke, die Infanterieschule Döberitz und die Fahnenjunkerschule der Infanterie in Potsdam.

Doch Oertzen hat noch ein anderes Problem. Seine »Abkommandierung« ist nur bis zum 14. Juli vorgesehen. Mit der Verschiebung des Attentates muß er sowohl seine Aktivitäten, die keineswegs mit dem Grund seiner Dienstreise übereinstimmten, als auch sein längeres Verweilen in Berlin erklären. Da Olbricht dies in der Hektik versäumt, telegrafiert Oertzen am 17. Juli selbst an Voß in der Heeresgruppe und berichtet über die abgebrochenen Attentatsversuche: Es sei zweimal versucht worden, ohne Ergebnis, werde aber mit Aussicht auf Erfolg zum dritten Mal versucht werden. Offiziell wird als Begründung an Oertzens Dienststelle an der Front weitergereicht: Man wolle ihn für eine besondere Aufgabe länger in Berlin behalten. Anschließend fährt er nach Cottbus zur Panzergrenadier-Ersatz-Brigade »Großdeutschland«. Der Kommandeur des Ersatz- und Ausbildungs-Regiments der Brigade und Stellvertreter des abwesenden Brigadekommandeurs, Oberstleutnant Stirius, hält ihn für den Ia-Offizier des Stellvertretenden Generalkommandos des 3. Armeekorps, vermutlich hat dieser eine entsprechende Andeutung gemacht. So wie Hans-Ulrich von Oertzen in jenen Tagen agiert, kennen ihn seine Mitstreiter in der Heeresgruppe. »Es gab bei ihm nie den Satz: ›Ich kann nicht‹«, erinnert sich Philipp Freiherr von Boeselager.

Ingrid von Oertzen sieht ihren Mann in dieser Zeit nur abends, wenn er erschöpft zurückkommt. Sein Standardsatz zur Begrüßung lautet: »Jetzt machen wir eine Stunde in Familie und schalten ab.« Eines Abends fragt sie ihn, was er eigentlich tut. Oertzen zögert, spricht ausweichend von der Gestapo, die ihr gefährlich werden könnte, will dann aber doch reden, worauf Ingrid abwiegelt. Sie ahnt schon länger, daß ihr Ehemann im Widerstand arbeitet. Ihr fällt ein Besuch bei Tresckow ein. Seine Frau hatte zu ihr gesagt: »Mein Mann ist dankbar, daß Ihr Mann sich so selbstlos in den Dienst unserer Interessen stellt.« Als Frau von Tresckow merkte, daß Frau von Oertzen nicht wußte, um was es ging, wechselte sie das Thema.

Am 20. Juli 1944 hört Ingrid von Oertzen im Rundfunk vom Attentat auf Hitler. Sie bringt das zunächst nicht mit ihrem Mann in Verbindung. Auch nicht, als er abends anruft und sagt, er könne wegen der Ereignisse nicht kommen. Am Morgen des 21. Juli 1944 ruft er erneut an: »Ich bin mit dem Attentat in Verbindung gebracht worden, habe damit aber nichts zu tun – fahre bitte zu Deinem Vater.« Das sind die letzten Worte, die sie von ihm hört.

Noch Jahrzehnte später stellte sich Ingrid Fragen. Zum Beispiel, warum Oertzen sie noch so kurz vor dem Attentat geheiratet hatte. Ihre Antwort: Er war vom Gelingen des Anschlags überzeugt. Gleichzeitig zeigen die Briefe, wie sehr er Halt brauchte, um den Mut für seine Tat zu finden. Oertzen mußte trotz seiner Überzeugung ein Scheitern einkalkulieren und wissen, daß sich der Staat an den Angehörigen rächen würde. Handelte er gegenüber seiner Frau nicht rücksichtslos? Die heute zweiundachtzigjährige Witwe stellt sich diese Frage nicht. Sie sei vor allem traurig wegen der kurzen Zeit, die beiden nur gegeben war. Aber sie sei dankbar dafür, ihrem Mann begegnet zu sein: »Es waren wichtige Jahre in meinem Leben. Und wie ich ihn gekannt habe, hätte er nicht so gehandelt, wenn es nicht notwendig gewesen wäre.«

Das gleiche dürfte auf Oertzens Mitstreiter in der Widerstandsgruppe Henning von Tresckows zutreffen. Was wurde aus ihnen?

Tresckow fuhr am 21. Juli 1944 in den Frontbereich. Er simulierte ein Feuergefecht und nahm sich – wie Oertzen – mit einer Gewehrsprenggranate das Leben.

Hans-Alexander von Voß blieb zunächst unbehelligt. Als er sich Wochen später bei seiner Familie aufhielt, bekam er jedoch den Hinweis, daß seine Verhaftung bevorstehe. Um dieser zu entgehen und um seine Freunde zu schützen, nahm er sich am 8. November 1944 das Leben.

Carl Hans Graf von Hardenberg, der sich am 20. Juli 1944 kurz in der Bendlerstraße aufhielt, wurde am 24. Juli festgenommen. Dabei mißlang ihm ein Selbstmordversuch. Hardenberg kam ins Krankenrevier des KZ Sachsenhausen und wurde dort von der Gestapo verhört. Bei der Befreiung des Lagers durch sowjetische Truppen am 22. April 1945 kam auch er frei. Hardenberg starb 1958.

Fabian von Schlabrendorff wurde am 17. August 1944 verhaftet und bei seinen Verhören brutal gefoltert. Doch er schwieg und überlebte den Krieg. Er starb 1980.

Heinrich Graf von Lehndorff war in den »Walküre«-Planungen als Verbindungsoffizier für den Wehrkreis I (Königsberg) eingesetzt. Einen Tag nach dem mißglückten Attentat wurde er verhaftet, am 3. September 1944 vom Volksgerichtshof zum Tode verurteilt und einen Tag später in Berlin-Plötzensee ermordet.

Die Rolle Georg Freiherr von Boeselagers, der mit seiner Kavalleriebrigade die Kerntruppe des Aufstandes stellen sollte und seine Reiter bereits von der Front wegbewegt hatte, blieb unbemerkt. Ebenso sein Versuch, kurz vor dem Attentat bei einem Kurzbesuch in Paris vom dortigen Oberbefehlshaber, Generalfeldmarschall von Kluge, Unterstützung zu erhalten. Boeselager wurde am 27. August 1944 bei Kämpfen an der Front getötet.

Auch die Beteiligung seines Bruders, Philipp Freiherr von Boeselager, der sich gleichfalls mit einer Reitertruppe von der Front entfernt hatte, blieb unerkannt. Boeselager überlebte den Krieg mit schweren Verwundungen und wohnt heute in Kreuzberg/Ahr.

Berndt von Kleist gehörte der Heeresgruppe Mitte bis zum Zusammenbruch 1945 an. Er entging wie durch ein Wunder der Verhaftung und kehrte nach der Kriegsgefangenschaft 1946 in die Landwirtschaft zurück. Er starb 1976.

Rudolf Christoph Freiherr von Gersdorff, der Sprengstoff für ein Attentat auf Hitler besorgt hatte, rettete die Verschwiegenheit seiner Mitstreiter. In der Schlußphase des Krieges an den Atlantikwall nach Frankreich versetzt, wurde er sogar noch zum Generalmajor ernannt. 1947 kam Gersdorff aus amerikanischer Kriegsgefangenschaft frei und lebte bis 1980 in München.

Auch Edgar Röhricht überstand den Krieg und die Gefangenschaft. 1965, zwei Jahre vor seinem Tod, veröffentlichte er auf der Grundlage seiner Tagebuchaufzeichnungen Erinnerungen, die seine Gespräche mit Hans-Ulrich von Oertzen enthalten.

Oertzens Einsatz am 20. Juli 1944 in Berlin

Hans-Ulrich von Oertzen war als Verbindungsoffizier von Oberst Claus Schenk Graf von Stauffenberg für den wichtigen Wehrkreis Berlin eingeteilt worden. Diese Vertrauensmänner sollten dafür sorgen, daß die Anweisungen am Tag X ausgeführt werden.

Am Vormittag des 20. Juli stellt Oertzen auf Anweisung von General Friedrich Olbricht, dem Chef des Allgemeinen Heeresamtes (AHA), alle Befehle zusammen, mit denen Einheiten rund um Berlin zur Sicherung wichtiger Objekte des Wehrkreises III mobilisiert werden sollen. Er selbst ruft die Panzertruppenschule in Krampnitz an.

Bis kurz vor 16 Uhr sind diese Aufgaben erledigt. Oertzen macht sich auf den Weg in das Wehrkreiskommando (WKK III) am Hohenzollerndamm, um seine Befehle zu übergeben und bei Problemen einzugreifen. Zuvor eilt er zu Oberst Robert Bernardis, der in der Bendlerstraße zuständig für die Weitergabe der »Walküre«-Befehle an die Wehrkreiskommandos ist, und übergibt ihm fünf handgeschriebene Befehle, die der AHA-Mitarbeiter auf Weisung von Albrecht Ritter Mertz von Quirnheim, Chef des Stabes beim AHA, durchgeben soll. Dazu bemerkt Oertzen sinngemäß: Er habe die Nachricht erhalten, daß die Sache im Führerhauptquartier gestartet sei, die Bombe sei geplatzt und der Führer sei tot. Eigentlich hätte Oertzen diese Befehle vom WKK III aus herausgeben müssen, aber offensichtlich wollte er Zeit sparen.

Im Wehrkreiskommando kommt ihm ein schwieriger Part zu, denn er ist ganz auf sich allein gestellt. Oertzen richtet dem Kommandeur des Wehrkreises, General Joachim von Kortzfleisch, aus, er solle zu Olbricht in die Bendlerstraße kommen. Dort wird Kortzfleisch festgenommen und durch Generalleutnant Karl Freiherr von Thüngen ersetzt.

Gegen 17.30 Uhr präsentiert Oertzen eine weitere Liste von zu besetzenden Einrichtungen, darunter Behörden der SS und der NSDAP. Doch Generalmajor Otto Herfurth, Chef des Stabes beim WKK III, weigert sich, die Befehle weiterzugeben. Als er sich gegen 18 Uhr doch dazu entschließt, kann Oertzen weiter agieren – wie Mitverschwörer Major Carl Hans Graf von Hardenberg feststellt, »mit vorbildlicher Ruhe«. Der junge Offizier versichert Hardenberg, es sei keine Hilfe notwendig, alles sei im Gange.

Zwischen 18 und 19 Uhr gehen von den alarmierten Schulen und Garnisonen Bestätigungen der Marschbereitschaft ein. Oertzen muß nun häufiger telefonieren, weil es Nachfragen gibt.

Zwischen 19 und 20 Uhr taucht endlich General von Thüngen aus der Bendlerstraße auf und läßt sich von Oertzen über die Lage unterrichten. Langsam sickert jedoch durch, daß Hitler das Attentat überlebt hat. Oertzen versucht, sich unauffällig zu verhalten, bleibt aber am Ort.

Ab 20.30 Uhr weigert sich Stabschef Herfurth, weitere Befehle auszuführen.

Um 23 Uhr kehrt General Kortzfleisch zurück. Da er von Thüngens Rolle nicht weiß, beauftragt er ihn zusammen mit einem Oberst Wiese, Oertzen zu verhören, weil der ihm verdächtig erscheint. Die Befragung bestätigt seinen Verdacht zunächst nicht, trotzdem muß Oertzen seine Pistole abgeben und wird unter Bewachung gestellt. Wiese beobachtet, wie er wenig später auf die Toilette geht. Später findet man dort eine Bürste mit verkohlten Borsten, zwischen denen Reste von verbranntem Papier stecken.

Doch die Aktion nützt nichts mehr. Während der Wartezeit am nächsten Morgen erinnert sich die Vorzimmerdame des Kommandeurs, daß Oertzen im Herbst 1943 ins WKK III abkommandiert war, als sich auch Stauffenberg dort aufhielt. Damit ist der Major überführt. Oertzen ruft seine Frau an und nimmt sich anschließend mit einer zuvor versteckten Gewehrsprenggranate das Leben.

Über Oertzens Agieren am 20. und 21. Juli 1944 im Wehrkreiskommando und seinen Selbstmord existieren zwei Schriftstücke des Reichskriminalpolizeiamtes.

Reichskriminalpolizeiamt

Amt V   Berlin, den 22. Juli 1944

Betrifft: Selbstmord des Major Ulrich von Oertzen, Ia der Korps-Abteilung E der 2. Armee, im Dienstgebäude des Wehrkreiskommandos III

Major Ulrich von Oertzen, 4.3. [korrekt 6.3., LBK] 1915 zu Berlin geb., will am 9.7.1944 als Ia der Korpsabteilung E der 2. Armee den Auftrag erhalten haben, zum Chef H.Rüst. [Heeresrüstung, LBK] und BdE. [Befehlshaber des Ersatzheeres, LBK] zu fahren, um für mitgenommene Divisionen der 2. Armee Personal, Waffen und Gerät anzufordern. Die auffallende Tatsache, daß er als Ia mit der Erledigung dieser Aufgabe betraut wurde, erklärte von Oertzen damit, daß ihm als ehemaligen Id der Heeresgruppe Mitte die Sachbearbeiter beim Chef H.Rüst. und BdE. bekannt gewesen seien und seine Division zu diesem Zeitpunkt in keine Kämpfe verwickelt war. Von einer persönlichen Anforderung durch den Chef H.Rüst. und BdE. will er nichts gewußt haben. Nach seinen eigenen Angaben will von Oertzen in der Zeit vom 9. bis 14.7.44 in organisatorischen Fragen für die Divisionen der 2. Armee tätig gewesen sein und damit beim AHA. mit Oberst von Mertz und Oberstleutnant Bernhardis [sic!] zusammengearbeitet haben. Dabei sei in der Hauptsache über die Auffrischung der Divisionen gesprochen worden. Nur beiläufig will er als Front-Ia über die Möglichkeit des Walküre-Einsatzes befragt worden sein. Am Sonnabend, dem 15.7.44, will von Oertzen von General Olbricht zur Besichtigung von Walküre-Einheiten der Panzertruppenschulen Krampnitz und Glienicke, der Infanterieschule Döberitz und der Fahnenjunkerschule der Infanterie Potsdam mitgenommen worden sein. Für den Nachmittag des gleichen Tages sei er von General Olbricht zu weiteren Besichtigungsfahrten mitgenommen worden und habe dabei den Auftrag erhalten, sich über die beschleunigte Aufstellung von Walküre-Einheiten Gedanken zu machen. Dieser Auftrag sei später dahingehend erweitert worden, daß er die genannten Walküre-Einheiten des Wehrkreises III daraufhin durchgehen solle, wie man sie am schnellsten aufstellen könnte. Da dieser Auftrag keineswegs mehr den eigentlichen Zweck seiner Dienstreise betraf, will er General Olbricht darum gebeten haben, seine Dienststelle entsprechend zu benachrichtigen. Als am 17.7. von Oertzen selbst festgestellt haben will, daß seinem Wunsche um Benachrichtigung seiner Dienststelle noch nicht entsprochen worden sei, habe er selbst über die Heeresgruppe Mitte (Oberstleutnant i.G. von Voss) seiner Dienststelle Mitteilung gemacht, daß das AHA. ihn für eine besondere Aufgabe länger in Berlin behalten wolle. Bis zum 20.7.1944 will von Oertzen sich mit dem ihm vom General Olbricht erteilten Auftrag mit dem Endergebnis beschäftigt haben, daß er Fertigstellungszeiten für Walküre-Einsatz in Listen festgelegt habe, die er General Olbricht aushändigte. Am 20.7. vormittags will von Oertzen durch General Olbricht den Auftrag erhalten haben, seine bisherigen Feststellungen in Befehle zu kleiden mit der besonderen Maßgabe, durch beschleunigt aufgestellte Walküre-Einheiten wichtige Objekte im Wehrkreis III schnellstens sichern zu können. Als er diesen Auftrag um 16 Uhr erledigt hatte, habe ihn General Olbricht zum Wehrkreis III befohlen, um dort seine Errechnungen als Befehlsunterlagen für die Tatsache abzugeben, daß der Führer tot sei, innere Unruhen folgen würden und der Wehrkreis III schnell handeln müsse. Er habe sofort seinen Auftrag beim Generalkommando III erledigt. Da General von Kortzfleisch befehlsgemäß zu General Olbricht fahren mußte, habe er den Chef des Stabes, Generalmajor Herfurth, über seine Errechnungen zur schnellsten kampfbereiten Aufstellung der Einheiten im Wehrkreis III unterrichtet. Zu diesem Zeitpunkt waren bereits vom Generaloberst von Fromm [Friedrich Fromm, Befehlshaber des Ersatzheeres, LBK] gezeichnete Fernschreiben eingegangen, die sich inhaltlich mit den Angaben des Major von Oertzen deckten.

Bis gegen 23 Uhr desselben Tages, und zwar zu dem Zeitpunkt, zu dem General Kortzfleisch nach seiner Befreiung aus der Bendlerstr. zum Wehrkreiskommando III zurückkehrt, ist Major von Oertzen unbehelligt oder unverdächtigt im Dienstgebäude des Wehrkreiskommandos III verblieben. General Kortzfleisch beauftragt Generalleutnant von Thüngen, nunmehr den Major von Oertzen, der nach seiner Meinung zu der zur Erörterung stehenden Angelegenheit eine immerhin verdächtige Rolle zu spielen scheint, zu vernehmen und ihn unter Beobachtung zu halten. Die Vernehmung des Major von Oertzen wird durch Generalleutnant von Thüngen und Oberst Wiese anschließend durchgeführt. General Kortzfleisch wird etwa zu diesem Zeitpunkt zum Reichsführer SS befohlen und erhält nach seiner Rückkehr in das Dienstgebäude des Wehrkreiskommando III das Vernehmungsergebnis des Major von Oertzen durch Generalleutnant von Thüngen vorgelegt. Nach der heutigen Befragung des Oberst Wiese soll sich General Kortzfleisch zu der Vernehmung des von Oertzen dahin gehend geäußert haben, daß von Oertzen dem Anscheine nach wohl mehr oder weniger zufällig bzw. unwissend in den Putschkomplex hineingeraten sei. Er halte es aber trotzdem aus prophylaktischen Gründen für durchaus ratsam, ihn in Schutzhaft zu nehmen.

Oberst Wiese hat daraufhin dem Major von Oertzen seine Inschutzhaftnahme eröffnet und ihm dabei gleichzeitig die Pistole abgenommen, die er in einem Panzerschrank verwahrte. Die Aktentasche, die von Oertzen bei sich führte, will Oberst Wiese durchgesehen und dabei außer einer Anzahl von Toilettensachen keine weiteren Auffälligkeiten bemerkt haben.

Da für Major von Oertzen ein geeigneter Raum zunächst nicht vorhanden war, hat Oberst Wiese den Kommandanten des Stabsquartiers, Major Pietzsch, angewiesen, ein geeignetes Zimmer freizumachen. Bis zu diesem Zeitpunkt verblieb Major von Oertzen in einem Vorzimmer des Kommandierenden Generals.

Von hier aus erbat von Oertzen einen Gang zur Toilette, die auf dem gleichen Flur nur einige Zimmer entfernt gelegen ist. Oberst Wiese hat ihn unauffällig bis zum Betreten der Toilette beobachtet und einige Zeit später auch Geräusch von der Wasserspülung wahrgenommen. Als Oertzen die Toilette verläßt, kehrt er nicht zurück. Er geht in entgegengesetzter Richtung durch eine Windflügeltür bis zum Ende des Flures, verweilt dort einen Augenblick an einem Fenster, um schließlich an der linken Wandseite des Flures, an der Löschsandtüten abgestellt sind, langsam zurückzukehren.

Dieser Weg des Major von Oertzen muß deshalb in epischer Breite geschildert werden, weil er sowohl für die Persönlichkeitsbewertung des von Oertzen in bezug auf seine Beteiligungsart an dem Putsch als auch für den objektiven Ablauf des Selbstmordes von Bedeutung ist. Denn auf der Toilette hat Major von Oertzen mit Gewißheit Schriftstücke verbrannt. Bei einer späteren Nachsuche wurde in diesem Raum eine Reinigungsbürste aufgefunden, deren Borsten z.T. angekohlt waren und zwischen denen sich noch kleinste Aschenreste von verbranntem Papier befanden. Erhärtet wird diese Tatsache noch dadurch, daß in diesem Raum von dem heute befragten Hauptmann Michelsen auch leichter Brandgeruch wahrgenommen worden ist. Auf dem Weg des Major von Oertzen vom Toilettenraum bis zu dem schon beschriebenen Fenster und zurück muß er in den schon erwähnten Löschsandtüten diejenigen Sprengkörper verborgen haben, mit denen er sich später entleibte. Diesen Vorgang braucht Oberst Wiese von seinem angegebenen Standpunkt aus nicht beobachtet zu haben.

Danach wird von Oertzen in das inzwischen von Major Pietzsch hergerichtete Zimmer, das ein Stockwerk tiefer gelegen ist, geführt. In das angrenzende Nebenzimmer, von dem aus allein der für von Oertzen bestimmte Aufenthaltsraum betreten werden kann, wurde zur Bewachung des Major von Oertzen der Leutnant Hentze befohlen. Als weitere Sicherung wurde von Oberst Wiese ein Posten auf dem Flur aufgestellt.

Oberst Wiese verwies im Verlauf der heutigen Besprechung im Beisein von General Reinicke und Generalmajor Herfurth auf den nachfolgenden in den bisherigen Aktenunterlagen noch nicht dargestellten Sachverhalt. Als Major von Oertzen sich noch im Vorzimmer des Kommand. Generals befand, habe eine Vorzimmerdame (Frau Spaeth) den Major von Oertzen gesehen und sich dabei erinnert, daß er vor längerer Zeit bereits einmal zum Wehrkreiskommando III abgeordnet gewesen war, und zwar zu dem Zeitpunkt, zu dem auch der damalige Oberstleutnant von Stauffenberg sich auf Kommando im Wehrkreiskommando III befand. Da Oberst Wiese auf eine vorher an von Oertzen gestellte Frage über dessen Bekanntschaft mit von Stauffenberg als Antwort erhalten hatte: »Na, wie man so jemanden kennt«, stand für ihn nunmehr fest, daß von Oertzen ihn mit dieser Antwort belogen hatte. Aus diesem Grunde will sich Oberst Wiese in das Zimmer des Major von Oertzen begeben haben, um ihn wegen seiner nunmehr vermutlich näheren Bekanntschaft mit von Stauffenberg zu befragen. Dazu nahm er sich Frau Spaeth mit, die ihm bestätigen sollte, ob sie den von Oertzen tatsächlich als denjenigen wiedererkenne, der schon einmal zum Wehrkreiskommando III abgeordnet gewesen sei. Dieses Hilfsmittel schien dem Oberst Wiese deshalb geboten, weil er vorher vergeblich versucht hatte, sich bei anderen Offizieren des Wehrkreiskommando III zu diesem Sachverhalt zu erkundigen. Als er den Major von Oertzen, der sich in seinem Zimmer zu Bett gelegt hatte, befragte, ob er bereits einmal (im Herbst 1943) zum Wehrkreiskommando III abgeordnet gewesen und bei dieser Gelegenheit auch mit dem damaligen Oberstleutnant von Stauffenberg zusammengetroffen sei, bejahte von Oertzen beide Fragen. Mit diesen Feststellungen verließ Oberst Wiese den Major von Oertzen und glaubt, daß nur wenige Zeit verstrichen ist, bis er von seinem Zimmer aus eine Detonation wahrnimmt. Da er sogleich Zusammenhänge mit von Oertzen vermutet, eilt er auf den Flur und trifft dort an der Windflügeltür den für die Bewachung des Major von Oertzen abgestellten Leutnant Hentze mit blutenden Verletzungen. Leutnant Hentze weist auf den in der Nähe des schon beschriebenen Fensters liegenden Major von Oertzen, den er für tot hält. Nachdem Oberst Wiese durch den ebenfalls hinzugekommenen Hauptmann Michelsen den weiteren Tatort absperren läßt und der Truppenarzt von Roques herbeigeholt worden ist, bemerkt er, daß Major von Oertzen noch lebt und laut stöhnt. Trotz einer schweren Arm- und Kopfverletzung stützt sich Major von Oertzen auf Knie und Hände, rutscht etwa 2 m zur Seite zur Wand und tastet sich mühsam an eine dort stehende Löschsandtüte heran. Oberst Wiese will diesen Vorgang zunächst als eine bewußtlose Reflexbewegung empfunden haben, bis von Oertzen aus der Sandtüte einen einer Papphülse gleichenden Gegenstand entnimmt, in den Mund steckt und abzieht. Oberst Wiese kann dem Truppenarzt und dem Hauptmann Michelsen noch »Volle Deckung« zurufen, als bald danach eine heftige Detonation erfolgt, die dem Major von Oertzen den Kopf zerreißt.

Leutnant Hentze, der z.Zt. im Res.Lazarett 112, Bln.-Schmargendorf, Paretzer Straße 11/12 liegt, hat angegeben, daß Major von Oertzen gegen 10 Uhr darum gebeten habe, die Toilette aufsuchen zu dürfen. Daraufhin sei er mit ihm zu der in der Nähe befindlichen Toilette gegangen, die von Oertzen nach kurzer Zeit wieder verlassen habe mit dem Bemerken, daß er die Toilette einen Stock höher aufsuchen möchte, da hier kein Papier sei. Leutnant Hentze sei daraufhin mit ihm zu der an der gleichen Stelle, aber ein Stockwerk höher gelegenen Toilette gegangen. Nach kurzer Zeit sei von Oertzen wieder herausgekommen und habe darum gebeten, auf dem Korridor frische Luft schnappen zu dürfen. Kurz darauf habe er einen Gegenstand gezogen, »der wie ein Feuerzeug aussah und etwa 15 cm lang war und den er sich an den Kopf hielt«. Leutnant Hentze will zum Major von Oertzen hingesprungen sein, um ihm den von ihm richtig als Sprengkörper vermuteten Gegenstand wegzureißen. Im gleichen Augenblick sei aber die Detonation erfolgt und er habe am ganzen Körper Sprengsplitterverletzungen erlitten, während Major von Oertzen zusammenbrach.

Aus dem vorliegenden Aktenmaterial des Korpsrichters beim stellvertr. Generalkommando III A.K., Oberkriegsgerichtsrat Waldhausen, und der in Ergänzung dazu heute durchgeführten Feststellungen und Besprechungen im Wehrkreiskommando III, bedarf die Frage der Beteiligung des Major von Oertzen am Putsch keiner näheren Beleuchtung.

In bezug auf die Selbstentleibung des Major von Oertzen kann mit an Sicherheit grenzender Wahrscheinlichkeit angenommen werden, daß er sich wohlüberlegt für den Fall vorbereitet hatte, daß der Putsch fehlschlägt und er damit rechnen mußte, in kürzester Zeit zur Verantwortung gezogen zu werden. Es haben sich keinerlei Anhaltspunkte ergeben, daß ihm für seinen Selbstmord eine günstige Gelegenheit verschafft oder ihm gar die Sprengkörper von anderer Seite zugeschoben worden sind. Ebenso dürfte eindeutig erwiesen sein, daß von Oertzen auch nicht etwa von fremder Hand getötet worden ist.

Einen Tag nach dieser ausführlichen Schilderung fertigt das Kriminaltechnische Institut der Sicherheitspolizei, Abteilung Chemie, einen Bericht an:

23. Juli 1944

Herrn
Amtschef – Amt V –
im Hause

Selbstmord des Major Ulrich von Oertzen

Der Selbstmord des Majors von Oertzen erfolgte auf dem Flur in der Nähe eines Flurfensters. In ca. 1 Meter Entfernung von dem Flurfenster befand sich auf dem Fußboden, der mit Linoleum und Holzterrazzo belegt war, eine etwa handgroße und ungefähr 3 cm tiefe Aushöhlung. Im Umkreis von 1 bis 2 Metern waren kleinere Einschüsse festzustellen, die offensichtlich von Splittern herrühren mußten. Aus dem Fensterrahmen konnten noch 4 kleine Metallsplitter aus Stahlblech gesichert werden. Dazu einige kleinere Hautfetzen mit Haaren. Der Tatort war von allen sonstigen Spuren gereinigt und neu getüncht. Die Scheiben des dreiflügeligen Flurfensters und der Beleuchtungskörper aus Mattglas, der an der etwa 3 m hohen Decke hing, wurden zertrümmert. Aus diesen Beobachtungen ist mit Sicherheit festzustellen, daß von dem zu Tode gekommenen Major von Oertzen ein Sprengkörper verwendet wurde. Aufgrund der Wirkung muß es sich um einen Sprengkörper gehandelt haben von der Größe einer Handgranate. Es dürften schätzungsweise 100 Gramm eines militärischen Sprengstoffes zur Detonation gekommen sein.

Nach der Schilderung des Herrn Oberst Wiese erfolgten 2 Detonationen. Nach der Zeugenaussage führte die Anwendung des zweiten Sprengkörpers zum Tode des Major von Oertzen. Die Detonation erfolgte mit Verzögerung unter Anwendung eines Abreißzünders. Der Sprengkörper soll zigarrenförmig von ungefähr 15 cm Länge gewesen sein. Als Umhüllung besaß er eine Papphülse. Nach dieser Angabe der eingetretenen Wirkung und der vorgefundenen Splitter kommt mit großer Wahrscheinlichkeit eine im deutschen Heer verwendete Munition in Frage, die sowohl als Gewehr- als auch als Handgranate anzuwenden ist. Die Papphülse dient zur Verpackung der kombinierten Gewehrhandgranate.

Gewehrsprenggranate! [handschriftlicher Zusatz]

Im Auftrage
Dr. Ing. Hoffmann

Zwischen dem 4. August und dem 14. September 1944 werden 55 Offiziere des Heeres wegen ihrer Beteiligung am Staatsstreich und am mißglückten Attentat auf Hitler aus der Wehrmacht ausgestoßen und weitere 20 auf Vorschlag eines eigens eingerichteten

Der Chef des Generalstabes
der 3. Panzerarmee

A.H.Qu., den 1o.8.44

An
alle Generalstabsoffiziere der 3.Panzerarmee

    Durch Verfügung des Chefs des Generalstabes des Heeres vom 9.8.44 sind wegen Mittäter- oder Mitwisserschaft an dem Attentat auf den Führer folgende Offiziere der Heeresgruppe Mitte mit sofortiger Wirkung aus dem Generalstab ausgestoßen:
Generalmajor Henning von Tresckow,
Major i.G. Ulrich von Oertzen,
Major i.G. Joachim Kuhn.
Damit ist auch äusserlich jedes Band, das uns mit diesen früheren Kameraden verband, durch ihre unauslöschliche Schuld zerrissen.

    Durch gesteigerte Pflichterfüllung und vorbildliche innere und äussere nationalsozialistische Haltung wollen wir uns als die treusten Offiziere unseres Führers fühlen und zeigen, um uns das Vertrauen wieder zu erkämpfen und die tiefe Scharte, die dem Generalstab durch diese Verräter geschlagen wurde, auszuwetzen.

    Ich weiss, dass ich mich mit allen Generalstabsoffizieren der 3.Panzerarmee bei Erfüllung dieser vornehmsten Aufgabe eins fühlen kann.

[Unterschrift]
Generalmajor

Ausschluß von Oertzen aus dem Generalstab

»Ehrenhofes« entlassen. Zu den »Ausgestoßenen« gehören auch Henning von Tresckow und Hans-Ulrich von Oertzen.

Der Chef des Generalstabes A.H.Qu., den 10.8.44
der 3. Panzerarmee

An
    alle Generalstabsoffiziere der 3. Panzerarmee

Durch Verfügung des Chefs des Generalstabes des Heeres vom 5.8.44 sind wegen Mittäter- und Mitwisserschaft an dem Attentat auf den Führer folgende Offiziere aus dem Generalstab ausgestoßen:

Generalmajor Henning von Tresckow,
Major i.G. Ulrich von Oertzen,
Major i.G. Joachim Kuhn.

Damit ist auch äußerlich jedes Band, das uns mit diesen früheren Kameraden verband, durch ihre unauslöschliche Schuld zerrissen.

Durch gesteigerte Pflichterfüllung und vorbildliche innere und äußere nationalsozialistische Haltung wollen wir uns als die treuesten Offiziere unseres Führers fühlen und zeigen, um uns das Vertrauen wieder zu erkämpfen und die tiefe Scharte, die dem Generalstab durch diese Verräter geschlagen wurde, auszuwetzen.

Ich weiß, daß ich mich mit allen Generalstaboffizieren der 3. Panzerarmee bei Erfüllung dieser vornehmsten Aufgabe eins fühlen kann.

Heidkämper
Generalmajor

Erinnerungen eines Mitstreiters

Wenige Zeitzeugen haben ihre Begegnungen mit dem jungen Offizier festgehalten. Dazu gehört als der letzte noch Lebende des militärischen Widerstandes Philipp Freiherr von Boeselager. Für dieses Buch über Hans-Ulrich von Oertzen schreibt er:

Philipp Freiherr von Boeselager

Wenn ich mich an Hans-Ulrich von Oertzen erinnere, so sehe ich einen gut aussehenden, jungen Major mit blitzenden Augen vor mir. Er verstand es, jedes Ereignis mit einem schnell hingeworfenen, die Situation genau erfassenden Bonmot zu beleuchten. Man freute sich, Oertzen im Laufe des Tages irgendwo zu treffen, da er ein äußerst positives Element im Stabe war, immer lächelnd, witzig. Dabei brachte er es aber genauso oft fertig, bei der letztlich aussichtslosen Lage Deutschlands, das Zimmer mit einer tiefernsten Bemerkung zu verlassen.

Sein Patriotismus, der sah, daß Hitler Deutschland in den Abgrund führte, und sein christliches Gewissen, daß durch das Wissen um die Verbrechen Hitlers zutiefst berührt war, führte ihn in die Widerstandsgruppe des Oberst von Tresckow, dessen engster Mitarbeiter er neben Schlabrendorff wurde.

So sehe ich ihn zu Weihnachten 1942 – Weihnachtsfeiern sollten auf Befehl des OKH ohne christlichen Bezug gefeiert werden – neben Tresckow im Casino des Heeresgruppenstabes stehen, als Tresckow trotz des Verbotes zu Beginn der Feier das Weihnachtsevangelium vorlas.

Die Lösung schwieriger Operationsprobleme reizte Oertzen, da er mit seinem scharfen Verstand die Hindernisse bei der Lösung solcher Probleme früh erkannte und daher rechtzeitig berücksichtigen konnte. Wegen dieser besonderen Befähigung wurde er von Tresckow zur Erstellung der »Walküre«-Pläne herangezogen. »Walküre« sollte sicherstellen, daß nach dem Tode Hitlers die Macht durch zuverlässige Kräfte in allen Wehrkreisen übernommen würde.

Bereits zuvor, am 13. März 1943, hatte er zu den Offizieren der Ia-Staffel des Heeresgruppenstabes gehört, die auf ein Kommando meines Bruders Hitler im Casino erschießen wollten. Dieser Plan war nicht zur Durchführung gekommen, da Himmler im letzten Moment seine Teilnahme an der Besprechung bei der Heeresgruppe abgesagt hatte, und Kluge, den ich in die Planung eingeweiht hatte, daraufhin das Attentat untersagte. Kluge befürchtete, wenn Himmler am Leben bliebe, einen Bürgerkrieg zwischen Heer und SS.

Oertzen war ein Offizier, dem man ansah, daß man sich auf ihn und sein Wort verlassen konnte. Er war neben Schlabrendorff einer der wichtigsten Männer in der Widerstandsgruppe Tresckow, da er die »Walküre«-Planung eigenverantwortlich durchführte.

Wenn man an den militärischen Widerstand denkt, dann fallen einem sofort die Namen Oster [Hans Oster, Stabschef im Amt Ausland/Abwehr des Oberkommandos der Wehrmacht, LBK], Tresckow, Stauffenberg ein, wobei Oster der Verstand, Tresckow das Herz und Stauffenberg der mutige Arm des Widerstands war. Aber ohne Männer wie Oertzen wären das Attentat und seine Planung gar nicht möglich gewesen.

Der Leidensweg Ingrid von Oertzens

Ingrid von Oertzen war dem Rat ihres Mannes beim letzten Telefonat am Morgen des 21. Juli 1944 gefolgt und von Potsdam nach Berlin ins Hotel Adlon zu ihrem Vater gefahren. Dieser war in die Reichshauptstadt gekommen, um mit seiner Tochter und dem Schwiegersohn seinen Geburtstag am 23. Juli zu feiern. Doch im Hotel wartet bereits die Polizei, die offensichtlich Kenntnis vom Telefonat bekommen hat. Sie fährt mit Ingrid nach Potsdam, um die Sachen zu durchsuchen. Danach wird sie verhört. Vom Selbstmord ihres Mannes erfährt sie dabei jedoch nichts. Anschließend wird Ingrid wieder zum Hotel gefahren, wo die Beamten ihren Vater allein sprechen wollen.

Auf diese Weise über das Schicksal seines Schwiegersohnes informiert, gelingt es dem Vater durch schnelles Eingreifen, die Überreste Oertzens in das Krematorium auf dem Friedhof in Berlin-Wilmersdorf zu schaffen, wo die Urne Jahrzehnte stehen sollte, bis sie ein Ehrengrab erhält.

Da Ingrid von Oertzen nichts über die Putschpläne ihres Mannes zu wissen scheint, kann sie am 22. Juli nach Bellin zurückkehren. Dort offenbart ihr der Vater zusammen mit dem herbeigerufenen Max-Berndt von Saldern vom Nachbargut den Selbstmord Hans-Ulrichs, ohne genauer auf die Hintergründe einzugehen. Für ihre Reaktion machte sich Ingrid noch Jahre später Vorwürfe, »weil ich so unbeherrscht war, was sonst nicht meine Natur ist«: Sie bricht mit einem Schreikrampf zusammen. Heute weiß sie, daß ihr der Schrei wohl geholfen hat, nicht den Verstand zu verlieren. Das einzige Überbleibsel von ihrem Mann an jenem 20. Juli ist ein schwarzes Lederportemonnaie mit Spuren der Sprengung. Inhalt: ein kleines Foto mit Widmung, ein Zettel mit dem Trauspruch und eine von ihr gemalte Weihnachtskarte in Miniaturformat. Alle anderen persönlichen Unterlagen ihres Mannes waren ihr in Potsdam weggenommen worden.

Am 27. Juli nimmt Ingrid von Oertzen auf dem Gut Wartenberg an der Beerdigung Henning von Tresckows teil. Offiziell ist er bei einem Fronteinsatz ums Leben gekommen. Als seine führende Rolle beim Staatsstreich Tage später bekannt wird, werden seine sterblichen Überreste ausgegraben und im KZ Sachsenhausen verbrannt.

Am 2. August – ihrem Kennenlerntag – wird Ingrid von Oertzen nachts in Bellin von der Gestapo erneut verhaftet. Die NS-Spitze hatte beschlossen, die Angehörigen der Attentäter in »Sippenhaft« zu nehmen, mehr als 180 werden verhaftet. Nachdem die Beamten die Zimmer durchsucht haben, nehmen sie Ingrid mit. Auf die Frage, wohin sie gebracht wird, erhält Frau von Oertzen keine Antwort. Weil die Ortschaften wegen der Gefahr von Luftangriffen verdunkelt sind, kann sie sich auf der Fahrt nicht orientieren. Als diese endet, erkennt Ingrid aber, daß sie sich in einem Gefängnis befindet. Frau von Oertzen wird in einen dunklen Raum geschoben, ertastet einen Schemel, auf den sie sich setzt und lauscht verängstigt den Geräuschen von schlafenden Menschen. Am

Morgen – durch ein kleines Fenster, kaum größer als ein normales Stallfenster, fällt etwas Licht – erkennt sie eine Zelle mit meist doppelstöckigen Pritschen. Leise fragt Ingrid: »Verzeihen Sie, können Sie mir sagen, wo wir hier sind?« Sie bekommt die heitere Antwort: »Im Schloß Klinkenlos in Frankfurt an der Oder.« Die anderen Frauen, zumeist inhaftiert, weil sie eine Beziehung mit polnischen Zwangsarbeitern eingegangen waren, sind in den ersten Tagen besonders nett und rücksichtsvoll, denn neben der ungewohnten Haft macht Ingrid die unerträgliche Hitze in der kleinen Zelle zu schaffen, die sich die zehn Frauen teilen müssen.

Der Vater sorgt sich um seine Tochter. Mit Hilfe von Kassibern versucht er, ihr Mut zu machen. Auf einem schreibt er nur: »Geliebtes, meine Gedanken sind Tag und Nacht bei Dir. In Liebe Dein V.«

Am 20. August äußert sich Franz Helmut von Langenn-Steinkeller ausführlicher:

Mein kleines geliebtes Hä…lein, ganz gegen meine Erwartung bist Du wohl auch am Sonnabend noch nicht gehört worden, und da hatte ich schon Anfang der Woche die Überzeugung, daß dies auch von Dir so sehnlich erwünschte Verhör bevorstünde. Du wirst durch das lange Warten auf eine sehr harte Probe mit Deinen Nerven gestellt, aber ich habe den festen Glauben, daß Du auch diese weitere Aufgabe, vor die Dich das Schicksal stellt – nämlich den Mut nicht zu verlieren und nicht zuletzt noch zu verzweifeln – meistern wirst, ebenso wie Du all die Wunden, die das Leben Dir schlug, aus eigener innerer Kraft überwinden konntest. Meine Gedanken, das weißt Du gewiß, sind unablässig bei Dir und gehen nicht von Deiner Seite. Von Onkel Max Bernd und Tante Duti soll ich Dich besonders herzlich grüßen, letztere werde ich am Mittwoch noch in Berlin sehen, da ich dort sicher hinfahren muß. Alles, alles Liebe Dein V.

Wenig später wird auch Ingrids Vater verhaftet, er kommt in dasselbe Gefängnis wie seine Tochter. In den Verhören wollen die Vernehmer erfahren, was beide über das Attentat, die Vorbereitung und die Mitstreiter wissen. Hans-Ulrichs Verschwiegenheit schützt sie in diesem Augenblick. Als den Vernehmern klar wird, daß beide tatsächlich nichts wissen, werden Ingrid und ihr Vater in Ruhe gelassen. Einmal wird Ingrid das Angebot gemacht, sich nachträglich von ihrem Mann scheiden zu lassen. Das würde sich strafmildernd auswirken. »Das kam für mich natürlich nicht in Frage«, sagt sie Jahrzehnte später.

In der Zeit im Gefängnis erhalten sie und ihr Vater unerwartet Unterstützung von Irmgard von Leyser, Ingrids Freundin aus Internatszeiten und zeitweise Haustochter von Bellin. Diese Aufgabe hatte sie nach einem Besuch auf dem Gut übernommen, weil Ingrid mehr oder weniger im Büro des Vaters zu tun hatte. Irmgards zupackende und resolute Art hatte schon in vielen Situationen geholfen – auch bei den Hochzeitsvorbereitungen. Ingrid von Oertzen erinnert sich:

Während mein Vater und ich im Gefängnis saßen, hütete meine Freundin Irmgard von Leyser, genannt »Ips«, unser großes Haus. Sie war einige Jahre als Haustochter bei uns in Bellin. Eines Tages fuhr sie nach Berlin und ging in die Prinz-Albrecht-Straße, wo die Gestapo ihren Hauptsitz hatte. »Ips« fragte sich zu dem Beamten durch, der unseren Fall bearbeitete, bat um eine Sprecherlaubnis für mich und bekam diese tatsächlich. Sofort fuhr sie nach Frankfurt zum Gefängnis.

Ich wurde aus der Zelle zum Direktor geholt, und da stand mein gutes »Ipschen«, erzählte fröhlich von zu Hause, bot den Beamten meines Vaters Zigarren an und bewegte sich, als sei ihr der Ort eine lang vertraute Umgebung. Auch das gab es in der schrecklichen Zeit, aber nur sehr selten.

Irmgard von Leyser reist einmal in der Woche ins Gefängnis, kann aber nach dem ersten Besuch lediglich Sachen abgeben. Ein weiteres Gespräch kommt nicht zustande. Vier Wochen nach seiner Inhaftierung wird der Vater entlassen; Ingrid bleibt noch bis Oktober in Haft, kommt dann aber auch überraschend frei. Als einer der Beamten die Briefe ihres Mannes zurückgibt, die bei der Verhaftung in Bellin beschlagnahmt worden waren, fragt er: »Wie kann jemand, der solche Briefe schreibt, solche schlimmen Dinge tun?« Ingrid von Oertzen antwortet ihm nicht.

Zu Hause werden die Rückkehrer mißtrauisch beäugt, viele Leute haben Angst, Kontakt mit ihnen aufzunehmen. Ihr Gärtner, ein langjähriger Bekannter aus Kindertagen, grüßt Ingrid nicht mehr, weil sie mit einem »Verräter« verheiratet war. Doch die Tage in Bellin sind ohnehin gezählt. Anfang 1945 packen Ingrid von Oertzen und ihr Vater die Sachen und verlassen das Gut aus Furcht vor der heranrückenden Front und nur wenige Stunden, bevor die ersten sowjetischen Soldaten den Ort erreichen. Unter den Papieren, die sie zuvor vergraben, ist auch ein Großteil von Ingrids Briefen an Hans-Ulrich.

Es wird ein Abschied für immer. Am 13.9.1922 in Braunschweig geboren, war Ingrid wenige Wochen später mit ihrer Mutter in das 350 Einwohner zählende Dorf Bellin gekommen und hatte dort auf dem Gut der Eltern ihre Kindheit verbracht. Mit 14 Jahren schickten die Eltern sie auf verschiedene Internate: zunächst auf die Stiftsschule im Kloster Heiligengrabe, dann zum Ilsenhof in Dresden, auf die Segelschule in Priem am Chiemsee, die Reitschule in Monsheim bei Worms und zum Schluß auf die Reifensteiner Frauenschule nach Obernkirchen. 1941 kehrte Ingrid nach Bellin zurück, wo sie im Forstbetrieb des Vaters Lehrling wurde. Schließlich verbrachte sie dort auch eine glückliche Zeit mit Hans-Ulrich von Oertzen. Die Ereignisse und Gedanken der letzten Tage in Bellin hat Ingrid von Oertzen in einem Erinnerungsbericht aufgeschrieben:

Ingrid von Oertzen

Die letzten Tage in Bellin

Ende Januar 1945: Sonne, blauer Himmel, klirrender Frost, eiskalte klare Wintertage. Friedlich liegt der Gutshof mit seinem alten Herrenhaus eingebettet in die großen, tiefverschneiten Bäume des Parks. Nichts deutet auf die ungeheure Gefahr hin, die mit jedem Tag näher rückt. Und dennoch steht die Frage im Raum: Wann kommen die Russen?

Für viele im Dorf ist dies unvorstellbar, denn die Nazi-Propaganda hat die Menschen total verwirrt.

Für meinen Vater und mich ergibt sich nun die Frage, die uns schon lange bedrückt: Wann müssen wir Haus und Hof verlassen und trecken? Zuverlässige offizielle Nachrichten gibt es keine, statt dessen: Treckverbot! Welch ein Wahnsinn! An »ungetarntes« Packen ist nicht zu denken, weil man angezeigt werden konnte.

In einer der letzten Nächte gehen mein Vater und ich noch zusammen auf die Kanzel an der »Ingrid-Schonung« (angepflanzt in meinem Geburtsjahr). Es ist eine sehr helle Mondnacht. Wie zum Abschied tritt, uns zur Freude, direkt unter unserer Kanzel eine große Rotte Sauen aus und zieht zielstrebig quer übers Feld hin zur Rübenmiete. Eine hinter der anderen, aufgereiht wie auf einer Perlenschnur und sich gegen das Weiß des Schnees deutlich abhebend. Mein Vater liebte diese seine »Schwarzkittel«, wie er die Wildschweine nannte, ganz besonders. Ein unvergessenes Erlebnis – vielleicht vor allem durch die Abschiedsstimmung.

Am vorletzten Tag – es ist der 29. Januar – beginnen mein Vater und ich bei geschlossenen Fensterläden zu packen (totale Verdunklung war offiziell angeordnet worden, um den feindlichen Flugzeugen die Orientierung zu erschweren). Plötzlich ein Klopfen am Dielenfenster. Der Schreck fährt uns in die Glieder; wer konnte das sein? Wir werden ja – das wissen wir – von der »Gestapo« bespitzelt, und unsere Gefängniszeit steckt uns noch in den Knochen. Aber was hilft es; vorsichtig öffnen wir die Haustür ... und herein kommt »Ipschen«. Riesenfreude und große Erleichterung! Ihr Erscheinen und Drängen bewirkt, daß mit ihrer Hilfe bis in die Nacht hinein gepackt wird, ich glaube sogar bei Kerzenlicht. Die schwierige Überlegung: Was ist sinnvoll, was sinnlos mitzunehmen, wenn der Raum begrenzt ist und Ziel und Zukunft unbekannt, wird durch »Ipschens« in so manchen Situationen bewährte Entschlußkraft unterstützt. Aber dann muß sie umgehend wieder nach Potsdam zurück, denn die Zeit drängt in dieser ungewissen und bedrohlichen Situation – daß ihr Zug der letzte war, der noch nach Westen fuhr, erfahren wir erst viel später [»Ipschen«, die spätere Irmgard von Mohl, ist bis heute mit Ingrid Simonsen, verwitwete von Oertzen, befreundet, LBK].

Ingrid Simonsen in ihrem Haus in Bad Segeberg mit den Briefen Hans-Ulrich von Oertzens

Ingrid Simonsen mit dem Porträt Hans-Ulrich von Oertzens

In der Nacht zum 31. Januar packen mein Vater und ich noch die letzten Sachen. Danach ist bei mir an Schlafen nicht mehr zu denken, und da es wieder eine helle Mondnacht ist, nehme ich meine Schlittschuhe und gehe auf den Schwanenteich im Park. Alles erscheint mir ganz unwirklich schön: So hell und durch den Mond beschienen glitzert der Schnee wie im Märchen; dazu diese unglaubliche Ruhe und Stille. Was ist das für ein Gegensatz zu den Gedanken, mit denen wir noch bis vor kurzem Koffer und Kisten gepackt haben!

Am nächsten Morgen kommt dann die Nachricht, die unseren Entschluß erzwingt, da wir uns auf keinen Fall von den Russen überrollen lassen wollen. Mein Vater und ich tragen seit einiger Zeit Gift im Brustbeutel mit uns, für den Fall, daß wir den Russen in die Hände fallen (später machte ich aus dem Leder dieser Beutel Sohlen unter die ersten Hüttenschuhe meines Enkels Till). Meine Zweifel, ob es für mich überhaupt einen Sinn macht, Bellin, das heißt mein Zuhause zu verlassen, da Ulrich, mein Mann nicht mehr lebte, meine Mutter 1942 starb und das Kriegsende Entsetzliches mit sich bringen wird, überwinde ich im Gedanken an meinen so tapferen Vater, der kein Wort der Klage hören läßt.

Bevor wir dann fahren, nimmt er sein Gewehr und geht noch mit unseren beiden Hunden durch den Gartensaal über die Terrasse in den Park. Die Hunde springen freudig durch den Schnee, einen Winterspaziergang erwartend. Ohne sie kommt er zurück.

Am nächsten Vormittag bringt der Milchmann noch Milch und Butter aus der Molkerei in Bärwalde und der Kutscher meldet: »Buttermilch gibt es erst morgen.« Ich glaube mich zu besinnen, daß ich vor unserer Abfahrt noch alle Herdplatten in der Küche abschaltete; die Hausmädchen hatten wir nach Hause ins Dorf geschickt.

Seltsamerweise ist mir der Augenblick der Abfahrt nicht mehr in Erinnerung. Aber ich besinne mich sehr deutlich auf das Bild des immer ferner werdenden Parks (unser Haus war durch seine großen alten Bäume verdeckt), wobei ich dachte: »Merkwürdig, wie in einem Film.« Ich sah es ohne eine Träne. Dieser Abschied für immer überstieg wohl einfach mein Fassungsvermögen.

Ingrid von Oertzen und ihr Vater umfahren Berlin nördlich und ziehen Richtung Westen. Jeden Abend machen sie Station bei Bekannten. Darunter ist auch Oertzens Vetter Axel Schäfer, den er an der Front getroffen hatte. Schäfer versorgt Ingrid und ihren Vater mit Nachrichten und drängt sie Mitte April, die Elbe zu überqueren, wo bereits die Amerikaner stehen. Die Flucht endet bei Bekannten in Holstein. Und hier findet Ingrid von Oertzen neues Glück. Sie erhält Arbeit in einem Kreiskrankenhaus und lernt dabei den Chefarzt Dr. Martin Simonsen näher kennen. Sie heiraten 1947 und bekommen einen Sohn.

Das Schicksal ihres ersten Mannes ist nur selten ein Thema in der Familie. Ingrid Simonsen will nicht, daß ihr erstes Leben zu viel Gewicht bekommt, und vor allem will sie ihren zweiten Mann nicht kränken. Doch Anfang der neunziger Jahre läßt sich das Thema nicht mehr verdrängen. Nach einem Zeitungsbericht, der auf das Schicksal Oertzens aufmerksam macht, und einer Notiz in der Familienzeitung »Oertzen-Blätter«, nehmen Mitglieder der weitverzweigten Familie Kontakt mit ihr auf. Am 5. September 1992 wird eine Gedenktafel in Rattey enthüllt. Unter den Gästen ist auch Bundespräsident Richard von Weizsäcker. Der Entwurf zur Tafel, die Hans-Ulrich von Oertzens Name, seine Lebensdaten, das Familienwappen und der bescheidene Spruch »Im Aufstand gegen Hitler gab er sein Leben« ziert, stammt von Ingrid Simonsens Sohn.

Seit dem Tod ihres zweiten Mannes vor wenigen Jahren liest sie wieder regelmäßig in den alten Briefen. Und in ihrem Wohnzimmer steht unter den Familienbildern wie selbstverständlich auch ein Porträt von Hans-Ulrich von Oertzen.

Spätes Gedenken an einen Widerstandskämpfer

Im Mai 1992 erhalten die Mitglieder der Oertzen-Familie eine Einladung zu einer Gedenkfeier in Rattey. Das Schreiben kommt von Bertha von Buchwaldt, geb. von Oertzen, und Hans-Christoph von Oertzen-Brohm, Cousine und Cousin Hans-Ulrich von Oertzens. Sie sind wie er auf dem Gut der Familie aufgewachsen und hatten den Besitz nach der deutschen Wiedervereinigung zurückbekommen. Nach Jahrzehnten der Fremdnutzung war das Gutshaus zu DDR-Zeiten heruntergekommen, ebenso die in Sichtweite stehende Feldsteinkirche. Bei den Überlegungen zur Restaurierung der Gebäude kam die Familie auf den Gedanken, mit einer Gedenktafel und einer Gedenkfeier an den nahezu vergessenen Teilnehmer des militärischen Widerstandes gegen Hitler zu erinnern.

Unter großer Beteiligung sowohl der Familie als auch der Bevölkerung und bei strömendem Regen findet am 5. September 1992 der Gedenkgottesdienst für Oertzen statt. Gleichzeitig wird die Wiederherstellung der Kirche feierlich begangen, nur einen Tag zuvor war die erste Bauphase abgeschlossen worden. Eingeladen haben die Ratteyer Christengemeinde, Oertzens Witwe Ingrid und ihr zweiter Mann, Martin Simonsen, Bertha von Buchwaldt, Hans-Christoph und Agnes von Oertzen-Brohm. Unter den Gästen sind Vertreter der Landesregierung von Mecklenburg-Vorpommern, der Kirchen, der Bundeswehr und eine Klasse der Schule Schloß Salem, die auf ihrer Klassenfahrt einen großen Umweg nach Rattey gemacht hatte, um den einstigen »Salemer« zu ehren. Ein kleines Porträt Hans-Ulrichs, von Klaus Maertens 1963 nach einem Foto gemalt – einem Freund der Familie Oertzen – hängt noch heute im »Wohnzimmer« zu Salem. Schließlich nimmt auch der amtierende Bundespräsident Richard von Weizsäcker an der Gedenkveranstaltung teil.

Die Plätze in der kleinen Kirche sind schnell voll, so daß ein Großteil der rund eintausend Gäste während des Gottesdienstes und der Einweihung der Gedenktafel draußen bleiben muß.

Bertha von Buchwaldt hat ihre Eindrücke von der Feier aufgeschrieben:

Bertha von Buchwaldt

Die vielen Besucher von nah und fern in der brechendüberfüllten Kirche – wie gebannt und tief ergriffen haben sie zugehört. Während der langen Wartezeit hatte der fünfzig Personen starke Chor aus Mirow auf der kleinen Orgelempore zu singen und der Friedländer Posaunenchor im Altarraum zu blasen begonnen. Nahezu alle haben die herrlichen alten Choräle mitgesungen. Wie ein riesiger, wundervoll schallender Klangkörper wirkte die Feldsteinkirche von draußen,

Gedenkfeier am 5. September 1992 in Rattey mit Bundespräsident Richard von Weizsäcker, links Ingrid Simonsen, verwitwete von Oertzen

wo viele Menschen in strömendem Regen unter den alten Kirchhofbäumen auf den Bundespräsidenten warteten und laut in die schönen Lieder einstimmten. Das herrliche »Dona nobis pacem« empfing ihn, als er endlich die Ratteyer Kirche betreten konnte.

Weizsäcker hat neben Hans-Ulrichs Witwe, Ingrid Simonsen, sowie Elisabeth Lassen und ihrem Mann, Kammerherr Frants Axel Lassen, Platz genommen. Die Familie Lassen ist über Hans-Ulrichs Tante Estrid mit der Oertzen-Familie verwandt. Das ist nicht der einzige Bezugspunkt. Die Familien verbindet auch die Teilnahme am Widerstand gegen Hitler. Frants Axel Lassen diente als Leutnant bei der englischen Armee und wurde im dänischen Widerstand eingesetzt. Im September 1944 von der Gestapo in Kopenhagen verhaftet, überstand er das Kriegsende im Konzentrationslager Neuengamme. Sein älterer Bruder, Major Anders Lassen, ebenfalls im dänischen Widerstand, fiel in den letzten Kriegstagen in den Reihen der britischen Armee in Italien. In Dänemark, wo er als Nationalheld gefeiert wird, erinnern mehrere Denkmäler an ihn. Die Reihe der Widerstandskämpfer der Familie macht Major a.D. Freiherr Axel von dem Bussche-Streithorst komplett, der Schwestersohn Estrid von Oertzens. Er hatte ein Bomben-Attentat auf Hitler bei einer Vorführung neuer Uniformen geplant. Doch die Vorführung wurde abgesagt, die Uniformen waren bei einem Luftangriff kurz zuvor vernichtet worden.

Bussche nimmt ebenfalls 1992 an der Gedenkfeier in Rattey teil, über die Bertha von Buchwaldt weiter schreibt:

Der kleine, fast quadratische, sehr intim wirkende Innenraum des Kirchleins kommt nach der Restaurierung mit seinem gotischen Marien-Altar und der weißen Reformationskanzel von 1717 wieder wunderbar zur Geltung. Liebevoll war der Altarraum mit einer Fülle leuchtender Herbstblumen geschmückt. Feierlich nahm der Landesbischof Christoph Stier die Wiedereinweihung der Kirche vor, gab ihr den sinnerfüllten Namen »Versöhnungskirche«. Aufs Schönste verband er damit das Gedenken an den mutigen Widerstandskämpfer Hans-Ulrich von Oertzen. Der Landessuperintendent Kurt Winkelmann sprach in seiner Predigt aus dem Markus-Evangelium über Christus auf dem stürmischen Wasser, den die angsterfüllten Jünger in ihr Boot zu steigen anflehen. Bedeutsam stellte er heraus, daß unsere Urgroßeltern Adolph von Oertzen und Bertha, geborene von Pentz, die erste Diakonie in Mecklenburg in schweren Zeiten um das Revolutionsjahr 1848 gegründet und die beiden Rettungshäuser »Bethanien« und »Bethlehem« in Rattey erbaut haben.

Pastor Horst Schröter, der den liturgischen Teil des Gottesdienstes übernommen hatte, sprach den Segen und bat den stellvertretenden Standortältesten von Neubrandenburg, die Gedenktafel, welche mit der Bundesfahne verhängt und mit Blumen und Eichenlaub bekränzt an der Nordwand unter einem gotischen Fenster angebracht worden war, zu enthüllen. Dipl.-Architekt Torsten Simonsen hatte die schlichte Marmortafel nach den Wünschen seiner Mutter entworfen. Danach bat Pastor Schröter die beiden Redner, das Wort zu ergreifen.

Zuerst spricht Joachim von Oertzen, der Vorsitzende des Oertzenschen Familienverbandes.

Joachim von Oertzen

Zur Erinnerung an unseren Namensvetter, den Widerstandskämpfer Hans-Ulrich von Oertzen, wollen wir heute eine Gedenktafel enthüllen. Die Initiative hierzu stammt im wesentlichen von seiner Frau Ingrid Simonsen und seiner Cousine Bertha von Buchwaldt, geborene von Oertzen.

Zu seinem Leben:

Hans-Ulrich wurde im März 1915 als Sohn eines Hauptmanns von Oertzen und seiner Frau Elisabeth, geborene von Oertzen, hier aus Rattey, in Berlin geboren. Seinen Vater hat er nicht gekannt, der fiel in Frankreich, als »Ulli« noch nicht ein Jahr alt war. Seine Mutter zog bald zu ihrem Bruder nach Rattey. So hat er den Großteil seiner Kindheit hier verbracht.

Das Haus trug sehr zu seiner christlichen Prägung bei. Vorbild waren die Großeltern der Mutter, die hier bereits 1851, angeregt durch Johann Hinrich Wichern, die Stiftung des Rettungswerkes »Bethanien« gründeten. 1853 wurde das Haus »Bethlehem« eingerichtet. Es steht leider nicht mehr.

Von nachhaltigem Einfluß war sicher auch sein Internatsaufenthalt in Salem, damals zu Beginn der dreißiger Jahre geleitet von Kurt Hahn. Hahn sah, wie er es nach dem Kriege in einem Gespräch mit »Ullis« Vetter Hans-Christoph zum Ausdruck brachte, als Ergebnis seiner Erziehungsprinzipien den aktiven Widerstand gegen das Naziregime. In einem Vortrag von Hahn findet sich der Satz: »Die seelische Voraussetzung aller Bürgertugenden ist die Hingabe, das heißt die Fähigkeit des Menschen, seine gesammelte Kraft einer Aufgabe zu widmen, die über seine persönlichen Interessen hinausreicht.«

Hans-Ulrich bewarb sich noch 1932 um den Eintritt in das damalige 100 000-Mann-Heer. Er wurde angenommen und trat achtzehnjährig im April 1933 in die Nachrichtenabteilung in Hannover ein. Seine Laufbahn war vorbildlich. Ich weiß, da ich ihn auch persönlich kannte, daß er in seinem jeweiligen Rang stets einer der jüngsten war. Er war bei Vorgesetzten und Untergebenen gleichermaßen geachtet und beliebt. Ein Kamerad sagte von ihm: »Er war der Typ des hervorragenden Organisators, persönlich tapfer, stets zur Hilfe bereit.«

So war es naheliegend, daß bei seinem Persönlichkeitsbild und seinen Fähigkeiten er im Kreise der militärischen Widerstandskämpfer Stauffenberg, Olbricht, Tresckow wichtige organisatorische Aufgaben erhielt, denen er sich mit selbstloser Hingabe widmete. Seine hier anwesende Frau weiß es zu beurteilen.

Die Erinnerung an diesen ungewöhnlichen Menschen wollen wir durch eine Gedenktafel wachhalten. [...]

Als zweiter redet General Ernst Ferber in Vertretung der Traditionsgemeinschaft von Hans-Ulrichs Eintrittsjahrgang 1933 und seiner Reichswehr-Einheit. Die Rede ist nicht überliefert. Wohl aber die Erinnerung daran von Bertha von Buchwaldt. Sie schreibt: »Ganz einfach und frei sprach er in ergreifender Glaubwürdigkeit bewegend herzliche Worte. Als er zuvor sein Kommen von München nach Rattey in Aussicht stellte und ich ihm dafür dankte, sagte er nur: ›Das bin ich Hans-Ulrich schuldig.‹«

Knapp anderthalb Jahre später, am 20. Juli 1994, findet in der kleinen Ratteyer Dorfkirche die zentrale kirchliche Feier für Mecklenburg zum fünfzigjährigen Gedenken an den Tag des Attentates auf Hitler statt. Der Landrat des Kreises Mecklenburg-Strelitz legt im Auftrag der Landesregierung einen Kranz an der Gedenktafel für Hans-Ulrich von Oertzen nieder. Die Predigt hält wie schon 1992 Landessuperintendent Kurt Winkelmann.

Wie bereits erwähnt, stammte der Entwurf der Gedenktafel für Hans-Ulrich von Oertzen von Torsten Simonsen, Sohn aus der zweiten Ehe Ingrid von Oertzens. Die Arbeit an der Tafel war für ihn zugleich eine persönliche Annäherung an die Person Oertzen, die trotz des lange zurückliegenden Todes in der Familie immer präsent war – was für Torsten Simonsen, 1948 geboren, keine ganz einfache Situation darstellte, wie er im Februar 2005 berichtet:

Torsten Simonsen

Die ersten Erinnerungen sind ungenau, Kinderahnungen: Es gab da etwas im Leben der Mutter, das ich nicht wußte oder zumindest nur bruchstückhaft. Dann stand da ein großes Foto eines mir unbekannten Soldaten auf dem Sekretär meiner Mutter, ich war wohl sechs oder zehn Jahre alt, als ich es zum ersten Mal bewußt sah. Irgendwann in jenen Jahren erfuhr ich, daß der Fotoapparat meines Vaters, eine Leica, ursprünglich einmal »Ulrich« gehörte. Das fand ich irgendwie nicht so gut.

Mein Vater ging immer sehr natürlich mit Oertzen um, wenn von ihm die Rede war, nannte er ihn später sogar »Ulli«. Ich fand es erstaunlich, daß bei meinem Vater so gar keine Eifersucht oder ähnliches vorhanden zu sein schien. Diese Gefühle kamen dann eher bei mir im Laufe der Jahre, sozusagen stellvertretend für ihn, ohne daß es wahrscheinlich konkrete Gründe dafür gegeben hätte. Vielleicht lag es an der Art, wie meine Mutter über »Hans-Ulrich« oder ihr »Zuhause« sprach, und sicher besaß ich auch eine überdurchschnittliche Empfindlichkeit in dieser Beziehung.

Ich kann mich übrigens nicht erinnern, daß mein Großvater, er starb 1983, als ich vierunddreißig Jahre alt war, je in meiner Gegenwart Hans-Ulrich von Oertzen erwähnt hat.

Mit dreizehn oder vierzehn Jahren begann ich, mich für Geschichte zu interessieren, speziell für die deutsche Geschichte zwischen 1914 und 1945. In der Obertertia oder Untersekunda mußte ich ein Referat zur Entstehung des Dritten Reiches halten. Meine Mutter bekam in dieser Zeit Post von der »Stiftung 20. Juli«; merkwürdigerweise kann ich mich nicht erinnern, daß wir damals darüber sprachen.

Zum 50. Geburtstag meiner Mutter, ich war inzwischen vierundzwanzig Jahre alt, mußte ich die erste richtige Rede halten; es hätte aus heutiger Sicht nahegelegen, ihre Verbindung zum 20. Juli zu erwähnen, aber das ist mir überhaupt nicht in den Sinn gekommen.

Es sollte dann bis zur deutschen Wiedervereinigung und der damit wie-

> HANS ULRICH VON OERTZEN
> ✦ 6. MÄRZ 1915   ✦ 21. JULI 1944
>
> IM AUFSTAND GEGEN HITLER
> GAB ER SEIN LEBEN

Die Gedenktafel für Hans-Ulrich von Oertzen entwarf Torsten Simonsen, Sohn aus der zweiten Ehe von Ingrid Simonsen, verwitwete von Oertzen.

derhergestellten Verbindung zum Gut Rattey in Mecklenburg dauern, bis Hans-Ulrich von Oertzen eine besondere Bedeutung auch für mich bekommen sollte. Gleich nach der Wende entwickelte Bertha von Buchwaldt, geborene von Oertzen, große Aktivitäten zur Restaurierung der verfallenen Dorfkirche von Rattey. Wir kannten uns gut, mit ihrem Sohn Achaz verband mich die gemeinsame Pferdepassion. Gleichzeitig hatte Bertha von Buchwaldt die Idee, die Verbindung von Rattey und Oertzen sowie zum 20. Juli 1944 zu dokumentieren. Sie stellte sich eine Gedenktafel vor und sah in mir als Architekten und Sohn der Witwe den Geeigneten zur Erstellung der Tafel. Die Beschäftigung mit dieser Aufgabe verhalf mir zu einem neuen Zugang zu Hans-Ulrich von Oertzen. Seit jener Zeit fühlte ich mich ihm und dem 20. Juli enger verbunden und zugehörig, weitere Informationen und Begegnungen verstärkten diese Empfindung. So habe ich erstmals an einer Gedenkfeier zum 20. Juli in Berlin teilgenommen.

Anläßlich des 76. Geburtstages meiner Mutter im Herbst 1998 (der 75. war nicht offiziell gefeiert worden) und kurz bevor mein Vater im Januar 1999 starb, versuchte ich zum ersten Mal, mich systematisch mit dem Leben meiner Mutter auseinanderzusetzen, insbesondere mit seinen Brüchen durch den Verlust ihres ersten Verlobten, den Tod ihrer Mutter, den Selbstmord ihres ersten Ehemannes, die Flucht aus Bellin, aber auch den Neubeginn nach dem Krieg. Zwangsläufig befaßte sich ein wesentlicher Teil der Geburtstagsrede mit dem 20. Juli 1944. Seitdem hat das Thema nicht nur mich, sondern auch meine Frau und meine drei Kinder beschäftigt, insbesondere meinen 13jährigen Sohn Till, den der Stauffenberg-Film zum 60. Jahrestag des Attentates sehr bewegte.

Sicherlich müssen meine Mutter und ich aufpassen, daß wir das echte Interesse unserer Umgebung an Hans-Ulrich von Oertzen und am 20. Juli nicht »überstrapazieren«. Andererseits können wir froh und dankbar sein, daß es einen Mann wie ihn in der Familie und in unserem Volk gegeben hat.

Soweit ich von Oertzens Leben und Wirken weiß – aus den Erzählungen meiner Mutter in den vergangenen Jahren und durch meine Beschäftigung mit seinem Umfeld und dem 20. Juli – war er ein mutiger, ein kluger und klar kalkulierender Mann, keinesfalls naiv. Wieweit er die Erfolgsaussichten seiner Handlungen richtig einschätzte und diese für ihn am Ende überhaupt noch von entscheidender Bedeutung waren, vermag ich nicht zu sagen. In der Beantwortung dieser Frage liegt natürlich ein Ansatzpunkt für die Beurteilung, inwieweit die Hochzeit meiner Mutter 1944 (gegen den Willen meines Großvaters) mit genügender Rücksicht geschehen ist, insbesondere vor dem Hintergrund, daß bereits der erste Verlobte meiner Mutter 1941 gefallen war. Aus heutiger Sicht fällt es leicht zu fragen, ob ein Warten auf die Zeit nach dem Attentat beziehungsweise nach dem Krieg nicht »vernünftiger« gewesen wäre; gleichzeitig muß man zugeben, daß dieses Wort ungeeignet für die Beurteilung von Handlungen in der damaligen Zeit ist.

Für den jungen Soldaten, der schon an der Front sein Leben riskiert hatte, bedeutete möglicherweise der Einsatz des eigenen Lebens für die Sache des 20. Juli weniger, als es unserer friedensverwöhnten Nachkriegsgeneration erscheinen mag. Deshalb liegt vor allem im Erkennen und Bekämpfen eines verbrecherischen Regimes, gegen den Strom und die Begeisterung jener Zeit, das eigentlich Vorbildliche, das zeitlos für alle nachfolgenden Generationen Maßstab zur Orientierung sein kann.

Hierbei berührt mich in Oertzens Handeln besonders, daß ein gerade gefundenes persönliches Glück sich höheren Werten untergeordnet hat.

Anhang

Autoren

Dr. Augusta von Oertzen (1881–1954): Kunsthistorikerin, Schriftstellerin und Autorin; Tante von Hans-Ulrich von Oertzen
Edgar Röhricht (1892–1967): Offizier, zuletzt General der Infanterie, väterlicher Freund
Ingrid Simonsen (geb. 1922): Ehefrau von Hans-Ulrich von Oertzen, lebt in Bad Segeberg
Philipp von Boeselager (geb. 1917): gehörte zum Kreis des militärischen Widerstandes um Henning von Tresckow, lebt in Kreuzberg/Ahr
Torsten Simonsen (geb. 1948): Sohn von Ingrid Simonsen, Architekt, lebt in Bad Segeberg
Bertha Buchwaldt (geb. 1916): Cousine von Hans-Ulrich von Oertzen, lebt in Hamburg
Joachim von Oertzen: (1915–2002): Industriekaufmann und Major i.G., von 1970 bis 2002 Vorsitzender des Familienverbandes der Familie von Oertzen
Vicco von Bülow (1925–2003): Pfarrer, Nachbar der Familie von Oertzen in Rattey
Rolf Wilken (geb. 1933): Bruder des Patenkindes von Oertzen, Diplom-Ingenieur, lebt in Berlin

Text-Quellen

Kindheit in Mecklenburg
Der Aufsatz Dr. Augusta von Oertzens erschien in den »Oertzen-Blättern«, Ausgabe Juni 1939.
Der Text Vicco von Bülows stammt aus einem Brief vom 21. Juli 1991 an Lars-Broder Keil.

Schule Schloß Salem
Die Zitate Georgia van der Rohes zu Hans-Ulrich von Oertzen stammen aus einem Gespräch mit Lars-Broder Keil im Oktober 2004.
Röhricht, Edgar: Pflicht und Gewissen. Erinnerungen eines deutschen Generals 1932 bis 1944 (im folgenden Röhricht: Pflicht und Gewissen), Stuttgart 1956, S. 17f.
Röhricht: Pflicht und Gewissen, S. 25ff.; S. 45f.; S. 79ff.

Auf dem Weg in den Generalstab
Der Text von Rolf Wilken stammt aus einem Brief an Lars-Broder Keil vom 14. Juli 2004.
Das Gedicht von Edgar Röhricht über die Osterreise 1937 stammt aus einem Fotoalbum, das sich im Besitz von Joachim Wegener, dem Neffen von Edgar Röhricht, befindet.
Röhricht: Pflicht und Gewissen, S. 124f.
Das Gedicht von Edgar Röhricht über die Osterreise 1938 stammt ebenfalls aus einem Fotoalbum, das sich im Besitz von Joachim Wegener, dem Neffen von Edgar Röhricht, befindet.
Der Brief Elisabeth von Oertzens befindet sich im Besitz Ingrid Simonsens.
Die Schilderungen Dietrich von Salderns stammen aus einem Gespräch mit Lars-Broder Keil im September 2004.
Das Gästebuch der Familie von Saldern befindet sich im Besitz Dietrich von Salderns.

Liebesbriefe von der Front
Sämtliche Briefe Hans-Ulrich von Oertzens befinden sich im Besitz von Ingrid Simonsen, ebenso ihre Tagebuchaufzeichnungen.
Die Schilderung von Major i.G. Gert Sailer stammt aus seinem Brief an Arwed-Arnd von Oertzen vom 31.7.1989, erschienen in den »Oertzen-Blättern«, November 1991, S. 63.
Röhricht: Pflicht und Gewissen, S. 201ff.
Der Brief Henning von Tresckows vom 21.3.1944 wurde von Ingrid Simonsen zur Verfügung gestellt.

Der Brief vom 17.5.1944 wurde ebenfalls von Ingrid Simonsen zur Verfügung gestellt.

Die Erinnerung von Ernst Ufer stammt aus dem Manuskript: Männer im Feuerofen. Tageserlebnisse eines Kriegspfarrers 1939–1945, S. 358 und S. 380f.

Die Auszüge aus dem Tagebuch stammen von Ingrid Simonsen.

Erinnerungen eines Mitstreiters
Den Beitrag verfaßte Philipp Freiherr von Boeselager eigens für dieses Buch.

Oertzens Einsatz am 20. Juli 1944
Der Bericht über Oertzens Selbstmord ist zu finden in: Jacobsen, Hans-Adolf (Hg.): Spiegelbild einer Verschwörung. Die Opposition gegen Hitler und der Staatsstreich vom 20. Juli 1944 in der SD-Berichterstattung, Stuttgart 1989, Band 2, S. 649ff.

Der Bericht des Kriminaltechnischen Instituts ist ebenfalls zu finden in: Jacobsen, Hans-Adolf (Hg.): Spiegelbild einer Verschwörung. Die Opposition gegen Hitler und der Staatsstreich vom 20. Juli 1944 in der SD-Berichterstattung, Stuttgart 1989, Band 2, S. 653.

Das Dokument über den Ausstoß der Offiziere aus dem Generalstab stammt aus dem Archiv von Lars-Broder Keil.

Der Leidensweg Ingrid von Oertzens
Die Kassiber Franz Helmut von Langenn-Steinkellers befinden sich im Besitz von Ingrid Simonsen.

Den Bericht »Die letzten Tage in Bellin« stellte Ingrid Simonsen zur Verfügung.

Spätes Gedenken an einen Widerstandskämpfer
Die Schilderungen Bertha von Buchwaldts sind den »Oertzen-Blättern« vom November 1992, S. 99ff., entnommen sowie ihrem Brief an Wilhelm-Thedwig von Oertzen, dem Genealogischen Sachbearbeiter des Oertzenschen Familienverbandes e.V. vom 27. September 1992.

Die Rede Joachim von Oertzens für die Gedenkfeier am 5. September 1992 in Rattey ist ebenfalls in den »Oertzen-Blättern« vom November 1992, S. 99ff., zu finden. Das Redemanuskript stellte Wilhelm-Thedwig von Oertzen zur Verfügung.

Torsten Simonsen verfaßte seinen Beitrag eigens für dieses Buch.

Quellen- und Literaturverzeichnis

Quellen

BOESELAGER, Philipp Freiherr von: Der Widerstand in der Heeresgruppe Mitte, in: Beiträge zum Widerstand 1933–1945, Heft 40, Berlin 1990.

GAEVERNITZ, Gero von: Offiziere gegen Hitler. Nach einem Erlebnisbericht von Fabian von Schlabrendorff, Zürich 1946.

GERSDORFF, Rudolf-Christoph von: Soldat im Untergang, Frankfurt/M. und Berlin 1977.

GODIN, Hans von: Strafjustiz in rechtloser Zeit. Mein Ringen um Menschenleben in Berlin 1943–45, Berlin 1990.

GRABNER, Sigrid; RÖDER, Hendrik (Hg.): Henning von Tresckow. Ich bin, der ich war, Berlin 2001, 3. Auflage 2005.

JACOBSEN, Hans-Adolf (Hg.): Spiegelbild einer Verschwörung. Die Opposition gegen Hitler und der Staatsstreich vom 20. Juli 1944 in der SD-Berichterstattung, Stuttgart 1989, Band 1 und 2.

KOSTHORST, Erich: Die Geburt der Tragödie aus dem Geist des Gehorsams. Deutschlands Generäle und Hitler – Erfahrungen und Reflexionen eines Frontoffiziers, Bonn 1998.

RÖHRICHT, Edgar: Pflicht und Gewissen. Erinnerungen eines deutschen Generals 1932 bis 1944, Stuttgart 1965.

ROHE, Georgia van der: La donna è mobile. Mein bedingungsloses Leben, Berlin 2002.

SCHLABRENDORFF, Fabian von: Begegnungen in fünf Jahrzehnten, Tübingen 1979.

UFER, Ernst: Männer im Feuerofen. Tageserlebnisse eines Kriegspfarrers 1939–1945, Manuskript, o.J.

VOSS, Luise von; LOWTZOW, Christoph von: Mit heißen Thränen ging ich zu Bette. Aus dem Leben einer adligen Familie auf Schloß Rattey, Rostock 1999.

20. Juli 1944. Ein Drama des Gewissens und der Geschichte. Dokumente und Berichte, Freiburg i.Br. 1961.

Literatur

ACHMANN, Klaus; BÜHL, Hartmut (Hg.): 20. Juli. Lebensbilder aus dem militärischen Widerstand, Hamburg 1999.

ARETIN, Felicitas von: Die Enkel des 20. Juli 1944, Leipzig 2004.

BENZ, Wolfgang; GRAML, Hermann; WEISS, Hermann (Hg.): Enzyklopädie des Nationalsozialismus, München 1997.

FEST, Joachim: Staatsstreich. Der lange Weg zum 20. Juli, Berlin 1994.

FINKER, Kurt: Graf Moltke und der Kreisauer Kreis, Berlin 1980.

HOFFMANN, Peter: Widerstand – Staatsstreich – Attentat. Der Kampf der Opposition gegen Hitler, München 1985.
HOFFMANN, Peter: Claus Schenk von Stauffenberg und seine Brüder, Stuttgart 1992.
HÜRTER, Johannes: Auf dem Weg zur Militäropposition. Tresckow, Gersdorff, der Vernichtungskrieg und der Judenmord, in: Vierteljahrsheft für Zeitgeschichte, Heft 3/2004, S. 527–562.
JOHN, Antonius: Philipp von Boeselager. Freiherr, Verschwörer, Demokrat, Bonn 1994.
KELLERHOFF, Sven Felix: Attentäter. Mit einer Kugel die Welt verändern, Köln 2003.
KELLERHOFF, Sven Felix: Hitlers Berlin. Geschichte einer Haßliebe, Berlin 2005.
KERSHAW, Ian: Hitler 1936–1945, Stuttgart 2000.
KLEMPERER, Klemens von; SYRING, Enrico; ZITELMANN, Rainer (Hg.): Für Deutschland. Die Männer des 20. Juli, Berlin 1993.
MESSERSCHMIDT, Manfred; DEIST, Wilhelm; VOLKMANN, Hans-Erich (Hg.): Das Deutsche Reich und der Zweite Weltkrieg. Ursachen und Voraussetzungen der deutschen Kriegspolitik, Stuttgart 1979.
MÜHLEN, Bengt von zur: Die Angeklagten des 20. Juli vor dem Volksgerichtshof, Berlin-Kleinmachnow 2001.
MÜLLER, Christian: Oberst i.G. Stauffenberg, Düsseldorf 1971.
MÜLLER, Klaus-Jürgen: 20. Juli. Der Entschluß zum Staatsstreich, in: Beiträge zum Widerstand 1933–1945, Heft 27, Berlin 1989.
MÜLLER, Klaus-Jürgen (Hg.): Der deutsche Widerstand 1933–1945, Paderborn 1990.
OTTNAD, Bernd (Hg.): Kurt Hahn, in: Baden-Württembergische Biographien, Band II, S. 182–187, Stuttgart o.J.
PAGE, Helena P.: General Friedrich Olbricht. Ein Mann des 20. Juli, Bonn 1994.
RINGSHAUSEN, Gerhard: Hans-Alexander von Voß (1907–1944). Offizier im Widerstand, in: Vierteljahrshefte für Zeitgeschichte, Heft 3/2004, S. 361–407.
SCHEURIG, Bodo: Henning von Tresckow. Ein Preuße gegen Hitler, Berlin 1987.
SCHWERIN, Detlef Graf von: »Dann sind's die besten Köpfe, die man henkt.« Die junge Generation im deutschen Widerstand, München 1991.
STEINBACH, Peter; TUCHEL, Johannes (Hg.): Lexikon des Widerstands, München 1994.
STEINBACH, Peter; TUCHEL, Johannes (Hg.): Widerstand in Deutschland 1933–1945. Ein historisches Lesebuch, München 1994.

STEINBACH, Peter; TUCHEL, Johannes (Hg.): Widerstand gegen die nationalsozialistische Diktatur 1933–1945, Berlin 2004.
THAMER, Hans-Ulrich: Verführung und Gewalt. Deutschland 1933–1945, Berlin 1986.
UEBERSCHÄR, Gerd R.: Das Dilemma der deutschen Militäropposition, in: Beiträge zum Widerstand 1933–1945, Heft 32, Berlin 1988.
VOGEL, Thomas (Hg.): Aufstand des Gewissens. Militärischer Widerstand gegen Hitler und das NS-Regime 1933 bis 1945, Hamburg 2000.
ZELLER, Eberhard: Geist der Freiheit. Der zwanzigste Juli, Berlin 1965.
ZUCKMAYER, Carl: Memento, Frankfurt a.M. 1969.

Zeitungen/Zeitschriften
Oertzen-Blätter
Der Tagesspiegel vom 21. Juli 1991
Die Welt vom 15. Juli 2004
Berliner Morgenpost vom 11. Juli 2004
Nordkurier vom 19./20. Juli 2003

Personenregister

Abercron, Huberta von (→ Rodde)
Arnim, Dietloff von   98
Baden, Max von   22
Balthasar, Auguste von   17
Bernardis, Robert   144f.
Blomberg, Werner von   32
Bock, Fedor von   74
Boddin, Hans Albrecht von   86
Boeselager, Georg von   74, 87, 94, 102f., 125f., 131, 143
Boeselager, Philipp Freiherr von   74, 79, 102, 131, 141, 143, 153
Bohnemeyer   135
Buchwaldt, Bertha von   162, 164f., 167
Bülow, Joachim von   20
Bülow, Vicco von   14, 20
Busch, Ernst   103, 110, 118
Bussche-Streithorst, Freiherr Axel von dem   163f.
Breitenbuch, Eberhard von   118, 121
Churchill, Winston   7
Eggert, Albrecht   74, 86, 88, 102, 107, 114, 126
Felzmann   126
Ferber, Ernst   165
Fleischer   140
Foertsch, Hermann   23
Fromm, Friedrich   146
Gagenholz   89
Galen, Clemens August Graf von   80
Genth   88, 126, 137
Gersdorff, Rudolf Christoph Freiherr von   74f., 143
Goebbels, Joseph   93, 133
Göckler   140
Godin, Hans von   82, 98, 113, 129f.
Godin, Reinhard Freiherr von   129f., 131
Guderian, Heinz   101
Hagen, Albrecht von   103
Hahn, Kurt   22, 28, 165
Hammerstein-Equord, Kurt Freiherr von   32
Hardenberg, Carl Hans Graf von   74, 142, 144
Heidkämper   152
Hentze   148f.

Herfurth, Otto 144f., 146, 148
Himmler, Heinrich 111, 133, 153
Hitler, Adolf 8f., 23, 28, 32, 37, 73–75, 101ff., 111, 118, 121, 141ff., 144, 153, 163ff.
Hoffmann 150
Kleist, Berndt von 74, 85f., 89, 107, 125f., 130, 143
Kluge, Günther von 71, 74f., 97, 101, 103, 117, 143, 153
König, Leo von 17
Kortzfleisch, Joachim von 144ff.
Krebs, Hans 85, 97, 110, 125
Kuhn, Joachim 152
Kurtis 25
Langenn-Steinkeller, Franz Helmut von 59, 79f., 82–85, 96–98, 102, 104, 113–116, 131, 142, 156
Langenn-Steinkeller, Ingrid von (→ Oertzen)
Lassen, Anders 163
Lassen, Elisabeth 163
Lassen, Frants Axel 163
Lehndorff, Heinrich Graf von 74, 142
Ley, Robert 133
Leyser, Irmgard von 139f., 156ff.
Maertens, Klaus 162
Manteuffel 13
Michelsen 147ff.
Mohl, Irmgard von (→ Leyser)
Neumann, Ernst 17
Oertzen, Adolf von 13, 17, 164
Oertzen, Agnes von 162
Oertzen, Augusta von 14, 22, 114, 121
Oertzen, Bertha von 13, 164
Oertzen, Elisabeth von (Mutter) 8, 13–17, 19f., 21–23, 25, 32, 38, 49, 79, 83, 91, 93, 104, 113, 164, 165
Oertzen, Estrid von 163f.
Oertzen, Ingrid von (Ehefrau) 7ff., 14, 54, 56ff., 60, 68f., 73, 79ff., 87, 97f., 105, 114, 117ff., 121ff., 128, 132, 136ff., 141f., 155–161, 162ff., 166f.
Oertzen, Hans von 17
Oertzen, Hans-Christoph von 13, 162, 165
Oertzen, Henning von 13f.
Oertzen, Joachim von 164
Oertzen, Karl Ludwig von 23
Oertzen, Luise von 13

Oertzen, Sabine von   139f.
Oertzen, Ulrich von (Vater)   13, 18
Olbricht, Friedrich   7, 74, 90f., 98, 141, 144ff., 165
Oster, Hans   154
Oven, Margarete von   117f., 139
Pietzsch   147
Poser   129
Prüfer, Curt   82
Quirnheim, Albrecht Ritter Mertz von   141, 144f.
Räumschüssel   128, 133f.
Reinicke   148
Rodde, Franz Joachim Freiherr von   13
Rodde, Hedwig Freifrau von   13
Rodde, Huberta von   14
Röhm, Ernst   32
Röhricht, Edgar   8, 23, 28, 30, 32, 35ff., 39f., 44f., 49, 82, 108f., 121, 137, 143
Rohe, Georgia van der   22, 26, 28
Rohe, Ludwig Mies van der   22
Rohrbach, Paul   28
Roques   148
Sailer, Gert   101
Saldern, Dietrich von   49f., 52, 54, 58, 83, 124
Saldern, Sieghard von   54, 118
Saldern, Marie Luise von   54, 56, 83, 93, 118
Saldern, Max-Berndt von   83, 93, 155
Schäfer, Axel   126, 130, 160
Schlabrendorff, Fabian von   74f., 79, 89, 100, 102f., 125, 137, 141f., 153f.
Schleicher, Kurt von   23, 30, 32f.
Schlickum   129
Schmundt, Rudolf   74, 112
Schröter, Horst   164
Schulemann   88
Simonsen, Ingrid (→ Oertzen)
Simonsen, Martin   160, 162
Simonsen, Torsten   164, 166f.
Spaeth   148
Stauffenberg, Claus Schenk Graf von   7, 74, 98, 117, 141, 144f., 148, 154, 165
Stieff, Helmuth   103
Stier, Christoph   164

Stirius   141
Stülpnagel, Karl-Heinrich von   101, 103
Thüngen, Karl Freiherr von   144ff.
Tresckow, Erika von   117, 133, 142
Tresckow, Henning von   7ff., 70ff., 74f., 79, 82ff., 85ff., 89ff., 93, 96, 98, 101f., 105, 108–112, 115–118, 120ff., 125, 128, 131–137, 141f., 152, 153ff., 165
Triebsch, Franz   17
Ufer, Ernst   135
Veltheim-Ostrau, Hans-Hasso von   49f., 93
Voß, Hans-Alexander   74, 88, 93f., 102f., 107, 114, 117, 126, 130, 137, 141f., 146
Waldhausen   149
Weizsäcker, Richard von   161ff.
Wessel, Horst   128
Wichern, Johann Heinrich   13, 165
Wiese   145–150
Wilken, Gerd-Ulrich   35, 42, 134
Wilken, Rolf (Vater)   35, 88
Wilken, Rolf   35
Winkelmann, Kurt   164, 166
Zuckmayer, Carl   9

Peter Steinbach und Johannes Tuchel (Hg.)
Widerstand gegen die nationalsozialistische Diktatur 1933–1945

Der umfangreiche Sammelband bietet einen erschöpfenden Abriß über alle Facetten der Opposition gegen die NS-Diktatur. Fast dreißig Aufsätze widmen sich dem Widerstand u.a. aus kommunistischen, sozialdemokratischen, gewerkschaftlichen, christlichen, konservativen, jüdischen oder militärischen Kreisen und Motiven. Sie dokumentieren den aktuellen Forschungsstand in der derzeit wohl geschlossensten, gültigsten Form.

2004, Festeinband, 550 Seiten
ISBN 3-936872-37-6   € 25,–

Sigrid Grabner und Hendrik Röder (Hg.)
Im Geist bleibe ich bei Euch
Texte und Dokumente zu Hermann Maaß

Das erstmals veröffentliche Material gibt Auskunft über das Schicksal des Potsdamer Demokraten Hermann Maaß, der für seine Beteiligung am Umsturzversuch gegen Hitler hingerichtet wurde.

2003, Broschur, 110 Seiten, 23 s/w Abb.
ISBN 3-936872-03-1   € 12,90

Sigrid Grabner, Hendrik Röder (Hg.)
Ich bin der ich war
Henning von Tresckow.
Texte und Dokumente

Henning von Tresckow (1901–1944) war der Kopf und das Herz des militärischen Widerstands gegen Hitler. Trotz vieler Publikationen über die Männer des 20. Juli 1944 und ihre Frauen wissen wir bis heute wenig über den Menschen Henning von Tresckow – über seinen Werdegang, seine Familie, seine Ansichten und die Antriebe seines Handelns. Das Buch macht der Öffentlichkeit erstmals Dokumente und Berichte von Zeitzeugen zugänglich, die Henning von Tresckow persönlich kannten. Ein Interview mit seiner Tochter Uta von Aretin und drei Essays stellen das Leben Tresckows in historische Zusammenhänge. Erkennbar wird ein erstaunlich gegenwärtiger Mensch.

... ein auf wenigen Seiten überzeugendes Porträt Tresckows, ein Buch, das im übrigen, wenn man es so sagen darf, auch in seiner Ausstattung etwas von Adel hat.
Frankfurter Allgemeine Zeitung

Festeinband mit Schutzumschlag, 159 Seiten, 43 Abbildungen
2001, 3. Auflage in neuer Ausstattung 2005
ISBN 3-936872-44-9   € 16,90

Reinhild Gräfin von Hardenberg
Auf immer neuen Wegen
Erinnerungen an Neuhardenberg und den Widerstand gegen den Nationalsozialismus

Das Schinkel-Schloß in ostbrandenburgischen Neuhardenberg war vor dem 20. Juli 1944 regelmäßig Treffpunkt der Verschwörer: Dort beriet sich unmittelbar vor dem Attentat Claus Graf von Stauffenberg mit dem Schloßherrn Hans-Carl Graf von Hardenberg über die Rettung Deutschlands. Die jungen Offiziere, die Stauffenberg am 20. Juli im Berliner Bendlerblock, dem Nervenzentrum des Staatsstreichs, mit der Pistole zur Seite standen, und andere Verschwörer gingen in Neuhardenberg aus und ein: Werner von Haeften, Friedrich-Karl Klausing, Ludwig von Hammerstein, Ewald-Heinrich von Kleist, Georg-Sigismund von Oppen, Axel von dem Bussche und Kurt von Plettenberg. Sie kamen nicht nur wegen der Politik, sondern auch wegen der hübschen Töchter.

Eine von ihnen, die Autorin, wurde zur Vertrauten und Sekretärin ihres Vaters, der sie frühzeitig in den Umsturzplan einweihte. Als Verlobte von Stauffenbergs Adjutanten Werner von Haeften kam sie im Juli 1944 ins Berliner Frauengefängnis in der Kantstraße.

In ihrem Buch zeichnet Reinhild Gräfin Hardenberg aus naher Vertrautheit ein lebendiges Porträt nicht nur ihres Vaters und zahlreicher anderer Verschwörer, sondern auch einer versunkenen Lebenswelt: Ein Teil des landsässigen preußischen Junkertums, dem nicht die Demokratie, wohl aber Anstand und Rechtsstaatlichkeit am Herzen lagen, war bereit, für seine Überzeugungen das Leben einzusetzen. Der private Blick der Zeitzeugin vermittelt eine Innenansicht des Sozialmilieus, ohne das der 20. Juli nicht denkbar gewesen wäre.

Festeinband mit Schutzumschlag, 202 Seiten, 75 Abbildungen
2003, 2. durchgesehene Auflage 2005
ISBN 3-936872-02-3 € 19,80

Maria Theodora von dem
Bottlenberg-Landsberg

Karl-Friedrich Freiherr von und zu Guttenberg

Ein Lebensbild

Karl Ludwig Freiherr von und zu Guttenberg war eine zentrale Persönlichkeit im Widerstand gegen den Nationalsozialismus. Als katholischer Konservativer und Monarchist versuchte er schon während der Weimarer Republik, monarchisches Denken wachzuhalten. Seine »Weißen Blätter« waren ein Kristallisationspunkt der konservativen Opposition gegen das Regime Hitlers.
1941 kam Guttenberg in die Abwehr im OKW in Berlin unter Admiral Wilhelm Canaris. Er arbeitete hier nicht nur eng mit seinen Freunden Hans von Dohnanyi, Justus Delbrück und Hans Oster zusammen, sondern knüpfte unterschiedlichste Kontakte zu weiteren Oppositionellen und Widerstandskämpfern. Guttenberg hatte Verbindungen zum »Kreisauer Kreis«, zu Ulrich von Hassell, zu den Gebrüdern Bonhoeffer, zur Heeresgruppe Mitte und zu Kreisen um Beppo Römer. Guttenberg stellte Verbindungen her, vernetzte die Opposition und war bestrebt, Verfolgten auch unter Einsatz seines Lebens zu helfen. Als er immer stärker in das Visier der Gestapo geriet, wurde er nach Kroatien versetzt, wo er, weiter im Kontakt mit dem Widerstand stehend, nach dem 20. Juli 1944 festgenommen wurde. Nach monatelanger Haft in Berlin wurde er Ende April 1945 von der Gestapo ermordet.
Die Autorin versucht, den Weg ihres Vaters in den Widerstand und dort seine Handlungen gegen den Nationalsozialismus festzuhalten. Dies gelingt ihr nicht zuletzt mit Hilfe einer Vielzahl bislang unveröffentlichter Quellen aus dem Nachlaß Guttenbergs.

Festeinband mit Schutzumschlag, 296 Seiten, 40 Abbildungen
2003, 2. durchgesehene Auflage 2003
ISBN 3-931836-94-0   € 19,80

Sigrid Grabner und Hendrik Röder (Hg.)
Emmi Bonhoeffer
Essay, Gespräch, Erinnerung

Emmi Bonhoeffer wußte an der Seite ihres Mannes Klaus um die Verschwörung vom 20. Juli 1944 und hielt nach dessen Ermordung wenige Tage vor Kriegsende die Erinnerung an ihn und den Mut seiner Helfer im Gedächtnis der Deutschen lebendig. Sie, die ihr Leben mit Selbstdisziplin und Tapferkeit meisterte, hatte stets ein Gespür für die materiellen und seelischen Notlagen anderer, so auch 1964, als sie Zeugen im Auschwitz-Prozeß betreute – prägende Erlebnisse, über die sie in gleichermaßen anrührenden wie präzise analysierenden Briefen an ihre in den USA lebende jüdische Freundin Recha Jászi berichtete. Diese Briefe sind im Buch ebenso enthalten wie Notizen aus dem Jahr 1945, ihre Rede zum 20. Juli 1981 oder der bewegende Abschiedsbrief von Klaus Bonhoeffer an die gemeinsamen Kinder.

Preußen hat uns auch Frauengestalten gegeben, in denen das Wesentliche fortwirkt. An uns liegt es, sie zu erkennen, an ihnen, uns dabei zu helfen, wie Emmi Bonhoeffer es vorbildlich tat am 20. Juli 1981 mit ihrem Bericht über den Widerstand gegen Hitler.
Richard von Weizsäcker

Eine ganz bemerkenswerte, preußische Frau, die alle preußischen Tugenden in sich vereint. *Günther Jauch in Elke Heidenreichs Sendung »ZDF Lesen«*

Was für ein Leben! möchte man nach der Lektüre dieses Buchs ausrufen, das biographische Zeugnisse einer mutigen Frau versammelt, die preußisch erzogen wurde, demokratisch gedacht und couragiert gehandelt hat.
Denis Scheck in der ARD-Sendung »druckfrisch«

Ein wichtiges Buch, das eine Heldin aus dem Schatten ihres Mannes hervorholt.
Empfehlung der Stiftung Lesen

Festeinband mit Schutzumschlag, 147 Seiten, 24 Abbildungen
2004, 3. Auflage 2005
ISBN 3-936872-31-7   € 16,90